Rüdiger Liedtke

111 Orte in München, die man gesehen haben muss

emons:

Ich danke meinen Münchner Freunden.

Bibliografische Information der Deutschen Nationalbibliothek
Die Deutsche Nationalbibliothek verzeichnet diese Publikation
in der Deutschen Nationalbibliografie; detaillierte bibliografische
Daten sind im Internet über http://dnb.d-nb.de abrufbar.

© Hermann-Josef Emons Verlag
Alle Rechte vorbehalten
Gestaltung: Eva Kraskes, nach einem Konzept
von Lübbeke | Naumann | Thoben
Kartografie: Regine Spohner
Alle Fotos: © Rüdiger Liedtke, außer: Seite 55 Deutsches Museum;
Seite 105 Höllenreiner's Karussell Verleih; Seite 137 Mercedes-Benz München,
Adventskalender: Tommy Lösch für Idee & Concept GmbH
Druck und Bindung: B.O.S.S Druck und Medien GmbH, Goch
Printed in Germany 2013
Erstausgabe 2011
ISBN 978-3-89705-892-7
Originalausgabe

Unser Newsletter informiert Sie
regelmäßig über Neues von emons:
Kostenlos bestellen unter
www.emons-verlag.de

Vorwort

Wussten Sie, dass Thomas Manns Braunbär zum Anfassen nah in München steht, dass Michael Jackson für immer an der Isar bleibt, dass es in München neben Hellabrunn einen zweiten Zoo gibt und ein Haus mit weit über 1.000 Gipsfiguren? Dass man in Fröttmaning Halluzinationen haben, in einer Theaterkantine einen tollen Abend verleben oder zwischen Muscheln und Fresken speisen kann?

Sie können Ihren genetischen Fingerabdruck entschlüsseln lassen, 500 lebende Reptilien bestaunen, Heinrich Heine im Dichterpark begegnen, Shakespeare im Grünen sehen oder einfach nur intensiv in die Sterne gucken. All das ist spannendes München, weitab vom Mainstream üblicher Stadtbeschreibungen.

Es gibt Fenster und Bänke mit außergewöhnlich starken Blicken, Brunnen, Denkmäler und Gassen, an denen die meisten achtlos vorbeiflanieren, die aber ein wichtiges Stück Münchner Geschichte darstellen. Kleine versteckte Schlösschen, spektakuläre Spielstätten, schräge Lokalitäten, avantgardistische Skulpturen – alles Kleinodien im Schatten von Frauenkirche und Hofbräuhaus. Orte, die man im klassischen Reiseführer so nicht findet.

Das Buch führt auch Münchner und Münchenkenner an Punkte, die sie staunen lassen, mit denen sie nicht rechnen. Da meint man, alles Wichtige zu wissen und alle Ecken zu kennen, und dann steckt die Stadt doch immer noch voller großer und kleiner Überraschungen. Und das gleich über hundert Mal. Genauer: 111 Münchner Orte, die auch für Insider Entdeckungen bereithalten, die sie verblüffen oder sie schmunzeln lassen.

111 Orte

1___ Der Affenturm
Die Sage vom Affen und dem kleinen Ludwig | 10

2___ Das Aids-Memorial
Die Immunschwächekrankheit »sichtbar« machen | 12

3___ Die Allerheiligen-Hofkirche
Und dann verweilen im malerischen Kabinettsgarten | 14

4___ Die Alte Hauptsynagoge
Ein Gedenkstein erinnert an einstiges jüdisches Leben | 16

5___ Der Alte Nördliche Friedhof
Familiensause im Reich der Toten | 18

6___ Das Amphitheater im Englischen Garten
Schauspiel im Grünen und zwischen Schafen | 20

7___ Der Arkadenhof der Alten Münze
Das Denkmalamt in allerbestem Ambiente | 22

8___ Das Attentatsdenkmal
Die finsterste Stunde in 200 Jahren Oktoberfest | 24

9___ Die Auffangstation für Reptilien
Per Du mit Krokodilen, Kaimanen und Alligatoren | 26

10___ Die Barockkirche St. Michael
Johann Baptist Zimmermann in Berg am Laim | 28

11___ Die Basilika St. Bonifaz
Eine eigenwillige Ausstattung und ein verstecktes Kloster | 30

12___ Das Biergärtchen im Augustiner-Stammhaus
Malerischer Innenhof, Muscheln und viele Isarkiesel | 32

13___ Der Bogenhausener Friedhof
Begraben inmitten großer Künstler | 34

14___ Die Borstei
Visionärer Wohnungsbau nach dem Ersten Weltkrieg | 36

15___ Der Braunbär der Manns
Die »Buddenbrooks« im Literaturhaus | 38

16___ Der Bronzekeiler
Der Glücksbringer vor dem Jagd- und Fischereimuseum | 40

17___ Die Burg Grünwald
Jagdschloss, Gefängnis, Pulvermagazin und Museum | 42

18___ Das Café im Valentin-Karlstadt-Musäum
Schräges auf zwei Etagen und im Turm | 44

19___ Der Circus-Krone-Zoo
Feste und freie Tiergehege inmitten der Stadt | 46

20___ Das Conviva im Blauen Haus
Die Kantine der Kammerspiele | 48

21___ Die Deutsche Eiche
Schwulentreff mit langer Tradition | 50

22___ Der Dichtergarten
Der Ort, an dem man Heinrich Heine trifft | 52

23___ Das DNA-Besucherlabor im Deutschen Museum
Mit dem genetischen Fingerabdruck ein Verbrechen klären | 54

24___ Das Ehrengrab des Franz von Lenbach
Der Münchner Malerfürst auf dem Westfriedhof | 56

25___ Der Elisabethmarkt
Einkaufen wie auf dem Lande – nur ein bisschen teurer | 58

26___ Das Fenster im Museum Brandhorst
Ein Blick nach draußen, der einen nicht mehr loslässt | 60

27___ Der Flughafen in der neuen Messestadt
Sichtbare Zeichen einer Luftfahrtepoche | 62

28___ Die Forschungsbrauerei
Bierspezialitäten im Südosten von München | 64

29___ Die Fürstengruft
Das Grab des Märchenkönigs in der Fußgängerzone | 66

30___ Die Galopprennbahn
Freizeit, Golf und schnelle Pferde | 68

31___ Der Garten des Alpinen Museums
Idylle auf der Praterinsel inmitten der Isar | 70

32___ Das Georg-Elser-Denkmal
In der Türkenstraße bastelte der Hitlerattentäter seine Bombe | 72

33___ Der Gewürzladen des Herrn Schuhbeck
Am Platzl gibt's was für die Sinne | 74

34___ Die Gipsfiguren
Unglaubliches im Haus der Kulturinstitute | 76

35___ Die Großskulptur Mae West
Neues Wahrzeichen im Münchner Osten | 78

36___ Die Großvoliere im Tierpark Hellabrunn
Flattern und fliegen bis zum Himmel | 80

37___ Der »Harmlos«
Wie ein griechischer Jüngling umbenannt wurde | 82

38___ Die Herbergshäuser
Leben, wo einst die Armen wohnten | 84

39 __ Die Herz-Jesu-Kirche
Es muss nicht immer neoklassizistisch sein | 86

40 __ Das Hofgartenbrunnwerk
Frisches Wasser aus alten Rohren | 88

41 __ Die Holzbrücke über der Isar
Der Steg von der hinteren Hirschau zur St. Emmeramsmühle | 90

42 __ Der Hubertusbrunnen
Ursprünglich stand das Brunnenhaus woanders | 92

43 __ Die Hundskugel
Hier residierte Münchens ältestes Gasthaus | 94

44 __ Der Israelitische Friedhof
Versteckt und verwunschen | 96

45 __ Das Japanische Teehaus
Deutsch-japanische Freundschaft zu Olympia 1972 | 98

46 __ Die Jugendbibliothek
Internationales in der mittelalterlichen Blutenburg | 100

47 __ Das Jüngste Gericht
Das zweitgrößte Fresko der Welt | 102

48 __ Das Karussell am Chinaturm
Ein Hauch von Oktoberfest unter schattigen Kastanien | 104

49 __ Der Klagebalken auf dem Oberwiesenfeld
Gedenken an die Toten des Olympia-Attentats | 106

50 __ Die Klosterkirche St. Anna
Münchens und Altbayerns erste Rokoko-Kirche | 108

51 __ Der Kopf der Bavaria
Und unten steht die Ruhmeshalle | 110

52 __ Die Kragenköpfe
Kutscher Krenkl und Co. am Karlstor | 112

53 __ Der Kunstpavillon
Modernes und Phantasievolles hinterm Neptunbrunnen | 114

54 __ Der Kunst-U-Bahnhof
Der Appetizer macht Lust auf oben | 116

55 __ Das Kurt-Eisner-Denkmal
Hier wurde der Gründer des Freistaates Bayern ermordet | 118

56 __ Die Lampen des Ingo Maurer
Licht und Design in der U-Bahn-Station Westfriedhof | 120

57 __ Der Lichthof der LMU
Flugblätter gegen den Nazi-Terror | 122

58 __ Die Lodenfrey-Fabrik
Wo einst die Trachtenjanker genäht und gebügelt wurden | 124

59   Die Magdalenenklause
Ruinenarchitektur im Nymphenburger Park | 126

60   Der ManUtd.-Gedenkstein
Das Flugzeugunglück der Elitekicker | 128

61   Die Marienklause
Beten und Büßen am Hochufer | 130

62   Das Marionettentheater
Großer Auftritt (nicht nur) für die Kleinen | 132

63   Das Maulwurfshausener Modell
Spielerisch den Alltag meistern | 134

64   Das Mercedes-Benz-Haus
Galerie der silbernen Spielzeugautos | 136

65   Die Metzgerzeile
Leckeres in Münchens guter Stube | 138

66   Die Michael-Jackson-Gedenkstätte
»Jacko« lebt am Promenadeplatz | 140

67   Das Milch-Häusl
Bio-Imbiss und Mini-Biergarten | 142

68   Die Monacensia
Münchens literarisches Gedächtnis | 144

69   Der Monaco-Franze
Wo der ewige Stenz unvergessen bleibt | 146

70   Der Mühlbach in der Au
Wo sich die alten Münchner Stadtbäche zeigen | 148

71   Die Musikhochschule
Hier wurde 1938 das Münchner Abkommen unterzeichnet | 150

72   Die Nachbarschaft am Westermühlbach
Wo Leben und Wohnen in der Stadt verbessert werden sollen | 152

73   Das Naturbad Maria Einsiedel
Sich im Isarwasser treiben lassen | 154

74   Die Nepalpagode und die Thailändische Sala
Asiatische Kultur fernab im Westpark | 156

75   Der Neubau der Akademie
Schräges Neues neben geradem Alten | 158

76   Die Ost-West-Friedenskirche
Der liebenswürdigste Schwarzbau Münchens | 160

77   Die Pfälzer Weinstube
Beschwingtes aus der königlichen Residenz | 162

78   Die Pflastersteine in der Drückebergergasse
Hier entging man dem Hitlergruß | 164

79 — Die Plattform auf dem Alten Peter
Panoramablick von Münchens ältester Kirche | 166

80 — Das Praterkraftwerk
Neue Energie für die Isar | 168

81 — Der Roßmarkt und der Rindermarkt
Viechereien in der Innenstadt | 170

82 — Die Ruhestätte des Carl Spitzweg
Der Maler des »Armen Poeten« auf dem Alten Südfriedhof | 172

83 — Die Rupert-Mayer-Büste
Die Verehrung eines aufrechten Mannes | 174

84 — Der Schelling-Salon
Tischtennis und Billard in der ungewöhnlichen Eckkneipe | 176

85 — Das Schlösschen Suresnes
Niemand residiert schöner als die Katholische Akademie | 178

86 — Das Schmied-von-Kochel-Denkmal
Die Sendlinger Mordweihnacht und ihre Spuren | 180

87 — Das Schwitzbad im Müllerschen Volksbad
Entspannen im herrlichen Jugendstil-Badehaus | 182

88 — Die Sckell-Säule
»Der Staub vergeht, der Geist besteht.« | 184

89 — Die Skulptur im Linde-Hof
Die silbernen Kugelelemente des Christopher Klein | 186

90 — Das Stadion an der Grünwalder Straße
Kultstätte großer Fußball-Triumphe | 188

91 — Das Städtische Hochhaus
Hier fährt Münchens letzter Paternoster | 190

92 — Das Standbild des Grafen Montgelas
»Alter Knabe« ganz modern | 192

93 — Das Standesamt in der Mandlstraße
Der schönste Ort für Jasager | 194

94 — Die Steinerne Bank
Eigentlich sollte hier der Apollo-Tempel stehen | 196

95 — Die Surfer vom Eisbach
Rauschendes und Berauschendes neben dem Haus der Kunst | 198

96 — Die Tafel für das Wittelsbacher Palais
Am Sitz der BayernLB wütete einst die Gestapo | 200

97 — Der Teufelstritt
Der mysteriöse Fußabdruck in der Frauenkirche | 202

98 — Das Tivoli-Kraftwerk
Industriekultur mitten im Grünen | 204

99	Das Trainingsgelände des FC Bayern	
	Den Stars beim Ballspielen zusehen	206
100	Das Treppenhaus der Bayerischen Staatsbibliothek	
	Erhabener Aufstieg ins geistige Universum	208
101	Die Universitäts-Reitschule	
	Im Galopp durch den Englischen Garten	210
102	Das Versunkene Dorf	
	Vergangenes zwischen Allianz-Arena und Großlappen	212
103	Die Volkssternwarte	
	Ein Paradies für Hobbyastronomen	214
104	Der Walking Man	
	Ein Schwabinger auf Augenhöhe mit den Pappelspitzen	216
105	Der Wallner an der Großmarkthalle	
	Genießen, wo alles ganz besonders frisch ist	218
106	Die Wandmalerei in den Hofgartenarkaden	
	Episoden aus der Geschichte der Wittelsbacher	220
107	Der Wasserfall im Englischen Garten	
	Getöse zwischen Eisbach und Schwabinger Bach	222
108	Der Wedekind-Brunnen	
	Hier begannen die Schwabinger Krawalle	224
109	Die Weiße Rose im Justizpalast	
	Eine Dauerausstellung erinnert an die Widerstandsgruppe	226
110	Der Wiener Markt	
	Am Wiener Platz kann man sich genüsslich niederlassen	228
111	Das Wohnhaus Lenins	
	Hier entstand die Revolutionsschrift »Was tun?«	230

1 Der Affenturm
Die Sage vom Affen und dem kleinen Ludwig

Im Grunde ist die Geschichte vom Affenturm ein Schmarrn. Sie stimmt nämlich hinten und vorne nicht. Aber die Sage hält sich hartnäckig, über 700 Jahre schon: Der gotische Erker am Burgstock der Alten Kaiserresidenz, der Affenturm, ist eng verknüpft mit einer Sage. Als Ludwig der Bayer noch ein Baby war, soll ihn ein Affe aus der herzoglichen Menagerie plötzlich aus der Wiege stibitzt, den Turm erklommen und ihn anschließend in schwindelnder Höhe wie eine Amme geschaukelt haben. Entsetzen bei Personal und Hofstaat. Man breitete unterhalb des Turms Decken und Kissen aus, um den kleinen Ludwig beim möglichen Herabstürzen aufzufangen. Erst nach langem Zureden brachte der Affe das Kind unversehrt zurück in die Wiege. Doch aufgemerkt: Der Turmerker, der der Geschichte ihren Namen gab, wurde eindeutig später gebaut, um 1470, während Ludwig der Bayer, inzwischen versehen mit dem Bannstrahl des Papstes, 1347 bei einem Jagdunfall ums Leben kam.

Der Alte Hof war um 1150 die Stadtresidenz von Welfenherzog Heinrich dem Löwen, dem Gründer Münchens. 1255 machte der wittelsbachische Herzog Ludwig der Strenge im Zuge der ersten Teilung Bayerns München zum Hauptsitz. Er ließ den Burgstock und den Zwingerstock errichten, die beiden einzigen bis heute erhaltenen Bauteile aus dem Mittelalter. Zur befestigten Burganlage und zum Machtzentrum machte sie Ludwig der Bayer (1282–1347), der 1314 als erster Wittelsbacher auf den römisch-deutschen Königsthron stieg und sich 1328 gegen den Willen des Papstes zum Kaiser krönen ließ. München wurde zu einem bedeutenden politischen und geistigen Zentrum Europas. Hier lebten der englische Philosoph William Occam und der Rechtsgelehrte Marsilius von Padua. Im Laufe der folgenden Jahrhunderte wurde der Alte Hof immer wieder umgebaut und erweitert. Im Zweiten Weltkrieg wurde er stark beschädigt, ab 1960 aber dem mittelalterlichen Charakter entsprechend wieder aufgebaut.

Adresse Alter Hof 1, 80331 München (Altstadt) | **Anfahrt** U3/6, Haltestelle Marienplatz, von da aus zu Fuß über die Burgstraße | **Öffnungszeiten** Mo–Fr 10–18 Uhr, Sa 10–13 Uhr | **Tipp** Der Alte Hof ist das Kernstück des »Graggenauer Viertels«, zu dem unter anderen der Münzhof (Hofgraben 4) mit dem heutigen Münzgebäude und die Pfistermühle (Pfisterstraße 4) mit der ehemaligen Hofpfisterei gehören.

2 Das Aids-Memorial
Die Immunschwächekrankheit »sichtbar« machen

Direkt neben dem Sendlinger Tor steht eine blaue Säule, das Aids-Memorial der Stadt München. Im Sommer 2000 hatte der Münchner Stadtrat beschlossen, ein Denkmal zum Gedenken an die Menschen zu errichten, die seit 1981 an der Immunschwächekrankheit Aids gestorben waren. »Den Toten, den Infizierten, ihren Freunden, ihren Familien, 1981 bis heute«. So steht es auf der Steele, die in ihrer Anmutung den Säulen aus der U-Bahn-Station am Sendlinger Tor nachempfunden wurde, einst gebaut als Symbol für die heiteren Olympischen Spiele 1972 von München.

Am 17. Juli 2002 wurde das Aids-Memorial, nach einem Ideenwettbewerb unter vielen namhaften Künstlern, als erstes seiner Art in Deutschland enthüllt. Über 50.000 Menschen haben sich seit Beginn der Aids-Epidemie in Deutschland mit HIV infiziert. Und dabei stand München immer im Zentrum des Geschehens. Obwohl längst nicht mehr so viele Infizierte sterben wie noch vor Jahren, ist die Thematik aktuell. »Mit dem Aids-Memorial von Wolfgang Tillmans holt München das Thema Aids aus dem Untergrund und stellt es mitten in die Stadt«, schrieb Denkmal-Initiator und Stadtrat Thomas Niederbühl. Denn in München leben mindestens 5.000 Menschen mit HIV. Und jährlich kommen zwei- bis dreihundert Neuinfizierte hinzu. Die Säule soll aber nicht nur ein Denkmal gegen das Vergessen sein und an die vielen Toten Münchnerinnen und Münchner erinnern, es soll auch die gesellschaftlichen Auseinandersetzungen der 1980er Jahre wachrufen, »in der die spezielle bayerische Aids-Politik auf Zwangsmaßnahmen, Tests, Diskriminierung von Infizierten und Angriffen auf die schwule Szene setzte«.

Das Münchner Aids-Memorial am Sendlinger Tor inmitten des Münchner Alltagslebens lohnt für ein kurzes Innehalten und Nachdenken, denn Aids ist keineswegs gebannt, nur weil es nicht mehr ständig in der Diskussion steht.

Adresse Sendlinger-Tor-Platz, 80333 München (Altstadt) | **Anfahrt** U3/6, Haltestelle Sendlinger Tor | **Tipp** Das Sendlinger Tor ist neben dem Karlstor und dem Isartor eines der drei erhaltenen Stadttore der historischen Münchner Altstadt. Hier findet man noch Teile der mittelalterlichen Stadtmauer.

3 Die Allerheiligen-Hofkirche
Und dann verweilen im malerischen Kabinettsgarten

Es ist noch gar nicht gesagt, was faszinierender ist: die restaurierte Allerheiligen-Hofkirche oder der von ihr und dem Cuvilliés Theater eingerahmte kleine Kabinettsgarten. Kirche und Garten sind jedenfalls versteckte Kleinodien, die immer noch im Schatten der an Sehenswürdigkeiten überbordenden Residenz liegen.

Durch seine Italienreisen und den klassizistischen Kirchenbau inspiriert, ließ Ludwig I. zwischen 1826 und 1837 die Allerheiligen-Hofkirche vom Architekten Leo von Klenze bauen. Der Innenraum mit seinen von außen nicht sichtbaren Kuppeln war ursprünglich mit farbenprächtigen Fresken des Malers Heinrich Maria von Hess ausgeschmückt. Im Zweiten Weltkrieg wurde die Kirche größtenteils zerstört, Dach und Gewölbe und damit die alten Fresken lagen in Trümmern. Eigentlich sollte die Ruine abgetragen werden, aber man entschied sich zu einer provisorischen Wiederherstellung der Kirche in den 1970er und 1980er Jahren. 2000 erfolgte dann der Umbau der einstmals katholischen Kirche. Auf die Restaurierung der Malereien wurde verzichtet, die rötlichen Ziegelwände vermitteln einen unverputzten Rohbaucharakter. Ausgestattet mit modernster Technik, ist die 400 Personen fassende Kirche seit ihrer Wiedereröffnung 2003 akustisch einer der besten, meist von der Staatsoper für Musikaufführungen genutzten Konzertsäle Münchens.

Der Kabinettsgarten ist über die kleine Pforte in der zum Marstallplatz hin liegenden Gartenmauer zu erreichen. Er ist für jedermann zugänglich und wird auch als Gartenfoyer bei kulturellen Veranstaltungen genutzt. Er ist direkt aus der Kirche heraus über eine Freitreppe begehbar. In der Mitte des Gartens bestechen bewegte Wasserflächen mit farbigen Glasmosaiksteinen, umrahmt von Blaulilien, Duftrosen und Magnolien. Den Mittelweg des Gartens beschließen Platanen und ein klassischer Brunnen. Der modern gestaltete Kabinettsgarten ist eigentlich ein wahrer Lustgarten.

Adresse Residenzstraße 1, 80333 München (Altstadt) | **Anfahrt** U3/6, Haltestelle Marienplatz; U3/4/5/6, Haltestelle Odeonsplatz; Tram 19, Haltestelle Nationaltheater; Bus 100, Haltestelle Odeonsplatz | **Öffnungszeiten** 1. April–18. Okt. 9–18 Uhr, 19. Okt.–31. März 10–17 Uhr, täglich geöffnet | **Tipp** Einen Blick auf den Marstallplatz mit dem Marstall, der einst königlichen Reitbahn, werfen. Dieser in der Vergangenheit vernachlässigte Platz bekommt langsam ein eigenes Gesicht. Empfehlenswert: das Restaurant »Brenner«.

4_ Die Alte Hauptsynagoge
Ein Gedenkstein erinnert an einstiges jüdisches Leben

Der Schriftsteller Lion Feuchtwanger gehörte zu den prominentesten Vertretern jüdischen Lebens in München. Im amerikanischen Exil beschrieb er mit seinem Roman »Erfolg« den Aufstieg der Nazis in Bayern. Jüdische Literaten, Maler und Filmschaffende wie zahlreiche Karikaturisten des »Simplicissimus« oder der Theaterregisseur Max Reinhardt prägten München als Kulturstadt. Hunderte jüdische Geschäfte belebten die Stadt; das riesige Warenhaus des Berliner Unternehmers Hermann Tietz am Hauptbahnhof, das später arisiert wurde, firmiert heute noch unter »Hertie«. Der FC Bayern, 1932 erstmals Deutscher Meister, wurde als »Judenclub« denunziert, weil sein Präsident Kurt Landauer Jude war. Zwischenzeitlich lebten und prägten rund 11.000 jüdische Bürger den Alltag Münchens.

Zentrum der jüdischen Gemeinde war die zwischen 1883 und 1887 erbaute »Synagoge Ohel Jakob« in der Herzog-Max-Straße. Sie wurde im Juni 1938, fünf Monate vor der Reichspogromnacht, von den Nationalsozialisten abgerissen. Heute erinnert ein großer Basaltblock an diesen mächtigen Sakralbau in unmittelbarer Nachbarschaft des Lenbachplatzes.

Die 2006 eingeweihte neue Synagoge am Jakobsplatz trägt den Namen der alten zerstörten Synagoge, übersetzt »Das Zelt Jakobs«. Das Zentrum des neuen jüdischen Lebens in München bildet heute ein lichtdurchfluteter Glaskubus auf einem massiven Sockel aus dem sogenannten Jerusalemstein. Neben der Synagoge gehören zum Ensemble des Jüdischen Zentrums noch das Gemeindehaus und das Jüdische Museum, das die Geschichte des Judentums in München zeigt. In einem unterirdischen Gang der Erinnerung zwischen Synagoge und Gemeindehaus wird an den Holocaust und die mehr als 4.000 von den Nazis ermordeten Münchner Juden gedacht. Die neue Synagoge und das Jüdische Zentrum am Jakobsplatz gehören heute zu den architektonischen Highlights Münchens der letzten Jahrzehnte.

Adresse Maxburgstraße/Ecke Herzog-Max-Straße, 80333 München (Altstadt) | **Anfahrt** U3/6, Haltestelle Marienplatz; U4/5, Tram 17/18/19/20, Haltestelle Karlsplatz (Stachus) | **Öffnungszeiten** Die Besichtigung der neuen Synagoge ist nur nach Voranmeldung und im Rahmen von Führungen möglich. Tel. 089/202400-100. Das Museum ist täglich (außer Mo) von 10–18 Uhr geöffnet. | **Tipp** Es lohnt sich auch ein Besuch des Münchner Stadtmuseums mit Filmmuseum am Jakobsplatz.

5 Der Alte Nördliche Friedhof
Familiensause im Reich der Toten

Buntes Schwabinger Leben und das Reich der Toten – hier auf dem Alten Nördlichen Friedhof prallen zwei Sphären aufeinander wie nirgendwo sonst in der Stadt. Jogger, meditierende Sonnenanbeter, tobende Kinder oder Partygänger korrespondieren hier auf subtile Weise mit den Toten. Mitunter gezielt, meist unwissend. Vielen Anwohnern ist das ein Dorn im Auge, für andere ist es ein Zeichen von Urbanität und Toleranz.

Denn hier im Karree zwischen Arcis- und Tengstraße sowie Ziebland- und Adalbertstraße, hinter Mauern versteckt, ruhen die Toten, liegen die Gebeine altehrwürdiger Schwabinger Familien und Persönlichkeiten. Efeuumrankt Max von Montgelas, der Politiker und Diplomat, Carl von Thieme, der Gründer der Münchener Rück, Wilhelm Bauer, der Konstrukteur des ersten U-Bootes, oder Schlachtenmaler Heinrich Lang.

Im Oktober 1868 wurde der nach den Plänen des Stadtbaumeisters Arnold Zenetti errichtete Friedhof mit der Umbettung des früheren Stadtpfarrers von St. Ludwig eröffnet. Ausgelegt war der neue Friedhof für rund 7.500 Gräber und 30 Familiengrüfte in den Arkaden im nördlichen Teil der Anlage. Doch nicht mehr als ein Menschenleben lang wurde hier bestattet. Insgesamt rund 60.000 Tote liegen hier. Bis 1939 das abrupte Ende kam.

Da nämlich wollten die Nazis den Friedhof mitsamt der roten Backsteinmauer abreißen lassen, ihn im Zuge des Ausbaus der »Hauptstadt der Bewegung« ihrer Architektur unterwerfen. Zwischen Isabella- und Luisenstraße sollte eine prachtvolle Allee des »braunen« München entstehen. Aber es kam anders. Im Zweiten Weltkrieg wurde der Alte Nördliche Friedhof durch Fliegerbomben nahezu völlig verwüstet. Heute findet man ungefähr noch 800 Grabstätten oder deren Reste vor. Deshalb behält der Alte Nördliche Friedhof seine historische Funktion bei, wenngleich er zwischenzeitlich zu einer parkähnlichen Oase in der Maxvorstadt geworden ist.

Adresse Arcisstraße 45, 80799 München (Maxvorstadt) | **Anfahrt** U2, Bus 154, Haltestelle Josephsplatz | **Öffnungszeiten** täglich 8–18 Uhr | **Tipp** Es lohnt sich auch, einen Blick in die nahe gelegene neobarocke Josephskirche zu werfen. Am Friedhofseingang Arcisstraße kann das Gebäude der Arbeiterwohlfahrt für private Feiern angemietet werden.

6 Das Amphitheater im Englischen Garten
Schauspiel im Grünen und zwischen Schafen

»Der Mensch ist nur da, wo er spielt« (Friedrich Schiller) verkündet eine in den Boden eingelassene Messingplatte im hinteren Teil des Amphitheaters im Englischen Garten und verspricht, dass hier auch tatsächlich Theater gespielt wird. In einem Freilufttheater auf einer 25 mal 40 Meter großen Lichtung mit Rasenbühne, Orchesterplatz und Rasenbänken mit befestigten Stufenkanten in drei Reihen.

Der Münchner Theatermacher Pankraz Freiherr von Freyberg und die von ihm gegründete Theatergruppe »Blütenring«, ergänzt durch einen engagierten Freundeskreis, waren es, die die Idee hatten, das Amphitheater im Englischen Garten Mitte der 1980er wieder aufleben zu lassen. Im Zuge einer bunten Einweihung des Theaters mit Johann Nestroys »Lohengrin« und einem nächtlichen Festzug wurde das neue Amphitheater am 13. Juli 1985 dem Freistaat Bayern übergeben. Schließlich führte hier das »Blütenring-Ensemble« unter Freybergs Regie zahlreiche Theaterstücke auf.

Die Idee eines neuen Amphitheaters im Englischen Garten basiert auf dem ersten Theater dieser Art, erbaut 1793 nahe der Martiusbrücke an der Ecke zur Königinstraße, also im südlichen Teil des Gartens. Dort gab es Theateraufführungen, Feuerwerke und bengalische Lichtspiele. Das Theater, dessen Spielplan unbekannt ist, bestand bis 1807.

Das neue Amphitheater steht heute allen Münchner Theatergruppen zur Verfügung. Hauptsächlich aber wird das Areal vom »Münchner Sommertheater« genutzt, einer Gruppe freier junger Schauspieler. Jeweils im Juli wird eine klassische Komödie aufgeführt. Mehrere Tausend Münchner pilgern während einer Spielzeit in den Englischen Garten, vielfach bewaffnet mit Picknickdecken und Rotweinflaschen. Und dennoch ist das Theater immer noch ein Geheimtipp. Bei Regenwetter finden die Vorstellungen auf der Bühne der umgebauten Remise der Freimanner Mohr-Villa, Situlistraße 73–75, statt.

Adresse Nördlicher Teil des Englischen Gartens, 80805 München (Freimann) | **Anfahrt** U6, Haltestelle Alte Heide, dann über die Crailsheimstraße in den Englischen Garten | **Öffnungszeiten** Theatervorstellungen Beginn 21 Uhr, Ende 0.15 Uhr, Eintritt frei. Es gibt keinen Kartenverkauf oder Reservierungen. Wetterhotline 0173/8612403 | **Tipp** Am Ende des Englischen Gartens lohnt sich ein Besuch im Biergarten Aumeister, Sondermeierstraße 1, dem 1810 erbauten Forsthaus des Aujägermeisters und Organisators der königlichen Hofjagden.

7 Der Arkadenhof der Alten Münze

Das Denkmalamt in allerbestem Ambiente

Da hat sich das Bayerische Landesamt für Denkmalpflege 1986 eine Premiumadresse ausgesucht. Hier, von der Alten Münze aus, lassen sich Denkmäler bestens »erfassen, erhalten und erforschen«. Hier können die Bürger vorstellig werden, wenn sie Baugenehmigungs- und Erlaubnisverfahren für denkmalgeschützte Gebäude beantragen wollen. Hier werden Restaurierungsmaßnahmen an Gemälden und Skulpturen koordiniert und Ausgrabungen überwacht, hier werden Eigentümer, Bauherren und Architekten in Fragen des Denkmalschutzes und der Denkmalpflege beraten.

Der Innenhof der Alten Münze am Hofgraben ist ein Kleinod im Schatten der Altstadtklassiker. Jahrelang wurde der Hof mit seinen Arkaden saniert und restauriert, jetzt ist er wieder zugänglich und ein wirkliches Muss. Im Stil italienischer Renaissance-Architektur gehalten, wartet der rechteckige Hof mit drei übereinanderliegenden Arkadenreihen an allen vier Seiten auf, die allesamt mit Laubengängen ausgestattet sind. Ein schmaler Hofgang an der Südseite ist mit dem Alten Hof, der ehemaligen herzoglichen Residenz, verbunden.

Gebaut wurde die Alte Münze 1563 bis 1567 als Marstall und in den Obergeschossen als Kunstkammer und Museum für Herzog Albrecht V. 1809 wurde das Gebäude von Johann Andreas Gärtner zum Hauptmünzamt umgebaut. Die klassizistische Westseite ist mit einem Giebelrelief von Franz Jakob Schwanthaler geschmückt, das drei weibliche Allegorien auf die Münzmetalle Kupfer, Silber und Gold zeigt. Tatsächlich wurde hier in der Alten Münze bis 1986 Hartgeld geprägt – 1972 wurden hier die Medaillen für die Olympischen Spiele hergestellt –, bevor die Bayerische Münze in ein neues Gebäude an der Zamdorfer Straße umgezogen ist. Im Sommer gibt es im Renaissancehof der Alten Münze Aufführungen der Bayerischen Theaterakademie unter freiem Himmel.

Adresse Hofgraben 4, 80539 München (Altstadt) | **Anfahrt** U3/6, Haltestelle Marienplatz | **Öffnungszeiten** richten sich nach den Öffnungszeiten des Amtes: Mo–Do 8–16 Uhr, Fr 8–14, Sa, So geschlossen | **Tipp** Sehenswert: Der Eilleshof in der Residenzstraße 13 (kleine Geschäftspassage zwischen Theatiner- und Residenzstraße) mit dem letzten erhaltenen spätbarocken Altmünchner Laubenhof (um 1560).

8 Das Attentatsdenkmal
Die finsterste Stunde in 200 Jahren Oktoberfest

Niemals in der bundesdeutschen Geschichte hat es ein blutigeres Attentat, einen heimtückischeren Terroranschlag gegeben. Die traurige Bilanz: 13 Tote, darunter drei Kinder, und über 200 zum Teil schwer Verletzte mit verheerenden Verstümmelungen. Der 26. September 1980 schrieb sich tief in die Annalen des Oktoberfestes ein.

Viele Menschen waren nach einem Tag auf der Wies'n auf dem Nachhauseweg. Gut gelaunt, bierselig. Genau 22.19 Uhr war es, als die Rohrbombe, gefüllt mit 1,39 Kilogramm TNT, Nägeln und Schrauben, in einem Papierkorb nahe dem Hauptausgang am Bavariaring explodierte. Eine Feuersäule schoss in den Himmel, eine gewaltige Detonation erschütterte die Festwiese. Menschen in einem Umkreis von 30 Metern flogen durch die Luft. Tote, Verletzte, abgerissene Gliedmaßen. Ein Blutbad.

Unter den Toten: der Attentäter Gundolf Köhler, ein 21-jähriger Student aus Donaueschingen, der rechtsextremen Szene zugerechnet. Die 100 Mann starke Soko »Theresienwiese« ermittelte, vernahm über 1.000 Zeugen, ließ Dutzende Gutachten erstellen. Und kam dennoch zu dem Ergebnis: Köhler sei ein persönlichkeitsgestörter Einzeltäter gewesen, auch wenn er Kontakte zur rechtsradikalen »Wehrsportgruppe Hoffmann« unterhalten hatte. 1982 wurden die Ermittlungen eingestellt, obwohl es zahlreiche Indizien für Mittäterschaft Köhlers gab. Ein Einzelner hätte eine solche Tat nicht ausführen können.

Alle Versuche einer späteren Wiederaufnahme der Ermittlungen wurden von Politik und Justiz abgewiesen, 1997 wurden gar die letzten Asservate vom Tatort vernichtet.

Nach dem Blutbad wurde das Oktoberfest für einen Tag unterbrochen. Dann wurde weitergefeiert. Zum ersten Jahrestag wurde im September 1981 ein Denkmal eingeweiht, das 2008 grundlegend umgestaltet wurde. Es zeigt die Wucht der Bombe, die Tücke der Splitter. Und es hält die Namen der Opfer fest, die für immer zum Oktoberfest gehören.

Adresse Theresienhöhe 1, 80339 München (Schwanthalerhöhe), nahe dem Bavariaring | **Anfahrt** U4/5, Haltestelle Theresienwiese oder Schwanthalerhöhe; U3/6, Haltestelle Goetheplatz oder Poccistraße | **Öffnungszeiten** ganzjährig | **Tipp** Besuch des Bier- und Oktoberfestmuseums in der Sterneckerstraße 2, Tel. 089/24231607. Hier erfährt man alles Wissenswerte rund ums Oktoberfest.

9 Die Auffangstation für Reptilien

Per Du mit Krokodilen, Kaimanen und Alligatoren

Wo hat man das schon mal gesehen? Im Film, im Traum, im Delirium? Dutzende von Kaimanen, Leguanen, Krokodilen. Alptraumhaft! Nicht so in der sogenannten »Auffangstation für Reptilien«. Hier kriecht und wimmelt, schnarrt und zischt es wie im Dschungel. Denn auch in puncto exotische Tierwelten hält München eine Überraschung bereit. Und die befindet sich nicht im Zoo, sondern mitten in Schwabing, in der Kaulbachstraße, in Räumen der Universität.

Die Auffangstation für Reptilien gibt es seit 1995. Hinter diesem eher unscheinbaren und wenig werbewirksamen Namen steht eine Institution, die ständig um die 500 Tiere in ihren Räumen und Außenanlagen hält, frei umherlaufend, in Aquarien, Terrarien, in Käfigen. Je nach Größe, Giftigkeit und Gefahrenpotenzial. Giftschlangen, Krokodile und Alligatoren von erheblicher Wucht, große Würgeschlangen, Grüne Leguane, Schildkröten jeden Kalibers. Auf der nach oben hin offenen Gewichts- und Längenskala besteht derzeit die Grenze bei Krokodilen über zwei Meter oder großen Giftschlangen wie der Grünen Mamba.

Begonnen hatte alles, als nach einer Razzia und Beschlagnahme durch Polizei und Veterinäramt spontan 150 Reptilien untergebracht werden mussten, artgerecht, tierärztlich versorgt. Alles war dabei, von Geckos bis zu Königspythons, von Waranen über Nattern bis zum Brillenkaiman. Wohin mit den Exoten und wie sie versorgen? Und es wurden immer mehr Reptilien, denn man glaubt kaum, wie viele dieser Prachtexemplare in einer Großstadt neben Zamperl oder Mausi ein Zuhause haben – und zur Belastung werden. Allein 2010 landeten über 2.300 Tiere in der Auffangstation, von denen aber der größte Teil weitervermittelt wurde, an Privatleute, an Zoos, an Fachgeschäfte – europaweit. Vier Fachtierärzte und einige Pfleger kümmern sich tier- und artenschutzgerecht um die Schwabinger »Kriech- und Krabbelgruppe«.

Adresse Kaulbachstraße 37, 80539 München (Schwabing), Tel. 089/2180-5030, www.reptilienauffangstation.de | **Anfahrt** U3/6, Haltestelle Universität | **Öffnungszeiten** Schulklassen, Jugendgruppen und Einzelpersonen können Besichtigungstermine und Führungen vereinbaren. | **Tipp** Das französische Kulturinstitut im früheren Palais Seyssel d'Aix von 1856 in der Kaulbachstraße 13 bietet Lesungen, Konzerte und Ausstellungen.

10 Die Barockkirche St. Michael
Johann Baptist Zimmermann in Berg am Laim

Was Besseres konnte der Stadt München anno 1913 nicht widerfahren: Die Eingemeindung des unbedeutenden Vororts Berg am Laim bescherte der kulturverwöhnten Isarmetropole unverhofft ein weiteres Juwel – St. Michael. Hand aufs Herz: Bei diesem Namen wird unisono an die Michaelskirche in der Kaufinger Straße gedacht, der letzten Ruhestätte der Wittelsbacher, die in jedem Reiseführer breiten Raum einnimmt. Doch weit gefehlt. Die katholische Kirche St. Michael in Berg am Laim gehört zu den prachtvollsten und beeindruckendsten Sakralbauten der Stadt und nimmt es getrost mit der gesamten Münchner Kirchenkonkurrenz auf. Mehr noch, St. Michael ist eine erste Adresse des süddeutschen Rokokos. Und kaum ein Münchner weiß es.

Clemens August von Bayern, Kurfürst und Erzbischof von Köln, war es, der die spätbarocke Kirche zwischen 1735 und 1751 nach Plänen des bayerischen Baumeisters Johann Michael Fischer errichten ließ – in seiner Hofmark Berg am Laim vor den Toren Münchens. Gedacht als Hauskirche für den Michaelsorden und als Hofkirche, engagierten der Kurfürst und sein Baumeister für die Innenausstattung, die Deckenmalereien und Stuckaturen die besten Handwerker ihrer Zeit: den Maler und zeitweiligen Hofstuckateur Johann Baptist Zimmermann, Ignaz Günther, Johann Baptist Straub, der für die Schnitzarbeiten zuständig war, und Maler Johann Andreas Wolff für das Bild des Erzengels Michael auf dem Hochaltar.

Ein Werk des Rokokos von historischer Dimension aber schuf Johann Baptist Zimmermann. Seine Gewölbefresken gelten als herausragende spätbarocke Kunstwerke, die es mit allen Konkurrenten aufnehmen. Besonders liebevoll und kenntnisreich wurden die Fresken Anfang der 1980er Jahre restauriert, nachdem das Kirchenschiff in den letzten Tagen des Zweiten Weltkriegs schwer beschädigt worden war. Den Michaelsorden gibt es heute nicht mehr, St. Michael ist aber weiterhin eine katholische Pfarrkirche.

Adresse Johann-Michael-Fischer-Platz 9a, 81673 München (Berg am Laim) | **Anfahrt** U2, Haltestelle Josephsburg | **Öffnungszeiten** tagsüber | **Tipp** Johann Michael Fischer hat auch die Klosterkirche St. Anna im Lehel gebaut, die als Wendemarke vom Spätbarock zum Rokoko angesehen wird.

11 Die Basilika St. Bonifaz
Eine eigenwillige Ausstattung und ein verstecktes Kloster

An dieser Kirche laufen oder fahren die meisten Münchner vorbei. Dabei ist es mehr als lohnend, einmal die schweren Bronzetüren zu öffnen und einen Blick ins Innere dieser Kirche zu werfen. Immerhin steht hier der Marmorsarkophag Ludwigs I. von Bayern.

Ursprünglich war die von König Ludwig I. initiierte, überwiegend aus seiner Privatschatulle finanzierte und von Baumeister Georg Friedrich Ziebland (1800–1873) nach der Architektur frühchristlicher Basiliken Italiens entworfene und 1850 fertiggestellte Basilika St. Bonifaz fünfschiffig. Mit einer Länge von 76 Metern und einer Breite von 36 Metern war sie mit 66 Marmorsäulen und einer üppigen Innenausstattung versehen. Von Anbeginn stand die Kirche auf besonderen Wunsch Ludwigs I. unter der Regie der Benediktinermönche, die neben Kloster Andechs nun auch das Kloster in St. Bonifaz bezogen.

Bomben im Zweiten Weltkrieg zerstörten die Basilika erheblich. Nur die Außenmauern und 20 Säulen des südlichen Eingangs zur Karlstraße hin blieben stehen. Die Ruine des hinteren Teils der Basilika wurde schließlich abgerissen, die aus dunkelrotem Backstein und hellem Kalkstein bestehenden Säulenarkaden der Vorderfront und etwa ein Drittel des alten Kirchenschiffes mit zwei seitlichen Kapellenräumen wurden grundsaniert und im November 1975 geweiht.

Mitte der 1990er Jahre wurde der Innenraum der Basilika durch Bildhauer Friedrich Koller und Kunstmaler Peter Burkart neu gestaltet, zu einer mit bunten Gemäldezyklen, lichtdurchfluteten, durch runde Bankreihen zentrierten Kirche, in der eigentlich nur noch die Säulenreihen den alten Charakter symbolisieren. Eine Kirche, die auf den ersten Blick so überhaupt nicht katholisch wirkt. Möglicherweise ganz im Sinne Ludwigs I., der diese seine Kirche immer auch als Ort von Religion, Wissenschaft und Kunst verstanden wissen wollte, als er zu Lebzeiten bestimmte, in dieser Basilika beigesetzt zu werden.

Adresse Karlstraße 34, 80333 München (Maxvorstadt), Tel. 089/55171-0 (Benediktinerabtei St. Bonifaz) | **Anfahrt** U2, Haltestelle Königsplatz, von dort ca. 100 Meter zu Fuß; U1/4/5 oder S1/8, Haltestelle Hauptbahnhof, von dort ca. 400 Meter zu Fuß | **Öffnungszeiten** täglich 8–18 Uhr | **Tipp** Der nahe Königsplatz wurde im Auftrag Ludwigs I. von Architekt Leo von Klenze entworfen und spiegelt mit der Glyptothek, der Antikensammlung und den Propyläen ein Stück griechischer Antike in München wider.

12 — Das Biergärtchen im Augustiner-Stammhaus

Malerischer Innenhof, Muscheln und viele Isarkiesel

Auf halbem Weg vom Stachus zum Marienplatz gelegen, inmitten der Fußgängerzone, befindet sich das »Augustiner«, eine der traditionsreichsten Gaststätten Münchens. Die meisten Besucher bleiben in der Regel in den großen, einladend eingerichteten vorderen Räumen und Sälen »hängen«. Wer aber nach hinten durchgeht, gerät in eine ganz andere Welt, in die um 1900 vom Architekten Emanuel von Seidl gestalteten Räumlichkeiten, in ein besonderes Ambiente. Erst erreicht man den Muschelsaal mit seiner mächtigen Jugendstil-Glaskuppel. Der Raum ist lichtdurchflutet, seine Wände sind mit Tausenden echter Muscheln verziert. Hier seinen »Edelstoff« zu trinken, das berühmteste aller Augustiner-Biere, adelt. Und hinter dem Muschelsaal, ganz versteckt im Innenhof, stößt man auf den kleinen, mit Fresken ausgemalten historischen Arkaden-Garten. Wer sich im Sommer unter den schattenspendenden Arkadenbögen dieses Kleinods niederlässt, der macht so schnell nicht wieder Platz.

1328 gilt als Gründungsjahr der Augustiner-Brauerei, die damit die älteste aller Münchner Brauereien ist. Rund 500 Jahre lang brauten die Mönche des Augustinerklosters innerhalb der Stadtmauern unweit des Doms ihr eigenes Bier. Mit der Säkularisierung 1803 gingen Kloster und Brauerei in die Hand des Staates über und schließlich 1817 mit dem Umzug in die Neuhauser Straße, dahin, wo heute noch das Stammhaus steht, in Privatbesitz. 1829 übernahm die Familie Wagner die Augustiner-Brauerei. Das »J. W.« im Firmenlogo steht für die Initialen des Sohnes der Familie, Josef Wagner.

1885 wurden alle Brauaktivitäten in die Kellergewölbe an der Landsberger Straße jenseits der Hackerbrücke verlegt. Im Krieg schwer beschädigt, wurden die Gebäude mit der alten Backsteinfassade wiederhergerichtet und beherbergen heute, denkmalgeschützt, neben der Großbrauerei das hauseigene »Bräustüberl«.

Adresse Neuhauser Straße 27, 80331 München (Altstadt), Tel. 089/23183257 | **Anfahrt** U1/5, Tram 16–21, Haltestelle Karlsplatz (Stachus) | **Öffnungszeiten** Mo–Sa 9–24 Uhr, So 10–24 Uhr, warme Küche 11–23 Uhr | **Tipp** Zum Augustiner gehören auch Münchens größter Biergarten »Hirschgarten«, Hirschgartenallee 1, und der Augustiner-Keller, Arnulfstraße 52, mit dem großen, urigen Biergarten unter dichten Kastanien inmitten der Stadt. Der Hügel im Biergarten wird fälschlicherweise als Münchens alter Henkersplatz und Galgenberg bezeichnet. In Wirklichkeit wurde schräg gegenüber, auf der anderen Seite der Arnulfstraße, aufgehängt und enthauptet.

13 Der Bogenhausener Friedhof
Begraben inmitten großer Künstler

Wen man hier alles trifft, wer hier alles liegt! Gleich neben dem schmiedeeisernen Tor im Süden des Friedhofs liegt in Grab Nummer eins Johann von Lamont, Astronom und Leiter der Sternwarte Bogenhausen. Einige Schritte weiter ruht Liesl Karlstadt, begnadete Partnerin von Karl Valentin, in schlichtem Grab mit rotem Herzen. Dann ist da Rainer Werner Fassbinder, um dessen Bestattung hier in Bogenhausen heftig gestritten wurde. Und Schriftsteller Oskar Maria Graf liegt hier und Karikaturist Ernst Hürlimann. Der ermordete Schauspieler Walter Sedlmayr gibt sich die Ehre, ebenso wie sein Kollege Werner Kreindl. Der Musiker und Dirigent Hans Knappertsbusch, der Bildhauer Hans Wimmer und der Schriftsteller Erich Kästner haben hier ihre letzte Ruhe gefunden. Und schließlich steht man am Grab des 2011 gestorbenen Filmproduzenten Bernd Eichinger.

Malerisch gelegen, am Isarhochufer in Bogenhausen, schmiegt sich dieser kleine Friedhof, der an beerdigter Prominenz seinesgleichen sucht, um die spätbarocke Dorfkirche St. Georg. Eigentlich der Friedhof der Bogenhauser Bürger, werden hier seit den 1950er Jahren vor allem bekannte Künstler – Maler, Schriftsteller, Schauspieler, Musiker und Filmleute – beigesetzt, sodass der Bogenhausener Friedhof heute als »Spiegelbild Münchner und deutscher Kultur- und Geistesgeschichte« gilt. Exklusivität auch noch im Tod.

Kein Wunder, dass, wer etwas auf sich hält in München, hier auf dem kleinen Friedhof hinter der efeuumrankten Mauer seine letzte Ruhe finden möchte. Aber der Graberwerb ist an strenge Auflagen gebunden, es sei denn, es hat sich jemand um die Stadt München besonders verdient gemacht und wird von ihr empfohlen. Denn der größte Teil der etwas über 200 Gräber gehört neben denen der angestammten Pfarrkirchenstiftung Heilig Blut der Landeshauptstadt München, seit München nach der Eingemeindung Bogenhausens 1892 schließlich auch den Friedhof übernahm.

Adresse Bogenhauser Kirchplatz 1, 81675 München (Bogenhausen) | **Anfahrt** Tram 17; Bus 54/154/187, Haltestelle Mauerkircherstraße; Tram 18, Haltestelle Sternwartstraße | **Öffnungszeiten** Nov.–Feb. täglich 8–17 Uhr, März 8–18 Uhr, April–Aug. 8–20 Uhr, Sept.–Okt. 8–19 Uhr | **Tipp** Ein Besuch der spätbarocken Dorfkirche St. Georg lohnt sich. Die Seitenaltäre und die Kanzel stammen aus der Werkstatt von Ignaz Günther, der Hochaltar von Johann Baptist Straub.

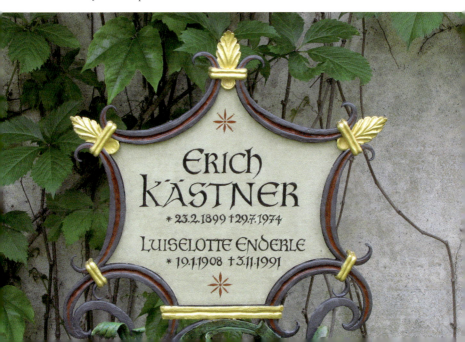

14 Die Borstei
Visionärer Wohnungsbau nach dem Ersten Weltkrieg

Wenn heute junge Architekturstudenten, von der Dachauer Straße kommend, die Doppeltoreinfahrt zur Borstei passieren, tauchen sie optisch in ein städtebauliches Oberseminar ein. Sie betreten eine architektonisch visionäre Welt, eine großzügig angelegte Siedlung mit ockerfarbenen, teils efeuumrankten Häusern, sehen Giebeldächer, Dachgauben, Eichentüren und Sprossenfenster mit weißen hölzernen Fensterläden, treffen auf individuell gestaltete, mit Fresken verzierte Häuser, auf Gartenanlagen mit anmutigen Brunnen und Skulpturen. Hier sieht man gleich: Es wurden nur hochwertige und ausgesuchte Materialien verbaut, die der Witterung und dem Zeitgeist gleichermaßen trotzen. Ganz im Gegensatz zu vielen später gebauten »modernen« Wohnquartieren der Stadt, deren Beton-, Zement-, Stahl- und Kunststoffbauten munter vor sich hin blättern. Die Wohnsiedlung Borstei hat bis heute nichts an Faszination und Attraktivität verloren, strahlt inmitten einer immer hektischer werdenden Stadt die Ruhe und erholsame Atmosphäre aus, die ihr der Architekt und Bauunternehmer Bernhard Borst zwischen 1924 und 1929 mit seinem architektonischen Wurf geben wollte. 1928 erhielt die Siedlung im Stadtteil Moosach im Rahmen eines Wettbewerbs den Namen »Borstei«.

Insgesamt entstanden im Karree zwischen Dachauer Straße und Pickelstraße auf knapp 20.000 Quadratmetern 77 Häuser mit 773 Wohnungen und Läden, auf weiteren 50.000 Quadratmetern Höfe und Gärten. Hinzu kam ein eigenes Fernheizwerk, das sämtliche Wohnungen mit Wärme und heißem Wasser versorgte, eine zentrale Wäscherei, die den Bewohnern die Wäsche schrankfertig zurückbrachte, und ein für die ganze Wohnsiedlung zuständiger zentraler Werkstatt- und Reinigungsdienst mit Gärtnern, Malern und Installateuren, der bis heute existiert. Die Borstei unterhält Läden für den täglichen Bedarf, Kinderspielplätze, Arztpraxen und Apotheken. Hier wohnt es sich immer noch gut.

Adresse Dachauer Straße 140, 80637 München (Moosach) | **Anfahrt** U1, Haltestelle Westfriedhof | **Öffnungszeiten** Borstei durchgehend geöffnet | **Tipp** Einen Besuch wert ist das Borstei-Museum, Münchens wohl kleinstes Museum, Löfftzstraße 10 (Hofeingang). Eine geschlossene Wohnanlage aus den 1920er Jahren, gegründet von den Industriebetrieben Krauss-Maffei und BMW, ist die »Alte Heide« in Schwabing-Freimann.

15 _ Der Braunbär der Manns
Die »Buddenbrooks« im Literaturhaus

Wenn man im dritten Stock des Münchner Literaturhauses am Salvatorplatz aus dem Aufzug tritt, steht er zähnefletschend vor einem: der sibirische Braunbär der Familie Mann. Er war ein Hochzeitsgeschenk russischer Freunde an die Eltern des berühmten Schriftstellers und brachte es zum unverwechselbaren Haustier und Maskottchen für die ganze Familie. Erst in der großen Diele des Lübecker Hauses in der Beckergrube, dann an verschiedenen Standorten in München, wohin 1892 Julia Mann nach dem Tod ihres Mannes mit den fünf Kindern zog. Seit 1914 stand der ausgestopfte Braunbär schließlich im Treppenhaus der Villa Thomas Manns in der Poschinger Straße 1. Der hatte dem familieneigenen Bären bereits in seinem 1901 erschienenen Roman »Buddenbrooks« ein literarisches Denkmal gesetzt.

Als Thomas Mann 1933 vor den Nazis fliehen musste, wurde sein Haus beschlagnahmt, das Inventar versteigert. Später kam der Braunbär in den Besitz eines Münchner Geschäftsmannes. Erst stand er im Schaufenster eines Ladens in der Sendlinger Straße, seit den 1950er Jahren in der Auslage eines Lederwarengeschäftes an der Kreuzkirche. Als dieses im Jahr 2000 aufgelöst wurde, übergaben die Erben den russischen Braunbären als Dauerleihgabe an das Literaturhaus der Stadt München, wo er heute, entmottet und restauriert, seinen »Mann« steht.

Das Literaturhaus ist zweifelsfrei die beste Adresse für diesen stummen Beobachter der großen Literatenfamilie, denn das 1997 eröffnete Haus hat sich zwei Autoren besonders verschrieben: Thomas Mann und Oskar Maria Graf (1894–1967). Verschiedene große Mann-Ausstellungen hat es inzwischen im Literaturhaus gegeben – und nun ist der Braunbär eingezogen. Oskar Maria Graf hingegen wurde von der New Yorker Künstlerin Jenny Holzer im Restaurant des Literaturhauses ein beeindruckendes Denkmal gesetzt. Auf einem elektronischen Laufband sind ständig Texte des Schriftstellers zu lesen.

Adresse Salvatorplatz 1, 80333 München (Altstadt), Tel. 089/291934-0 | **Anfahrt** U3/4/5/6, Haltestelle Odeonsplatz | **Öffnungszeiten** Mo–Fr 9.30–18 Uhr, Sa, So geschlossen | **Tipp** Im Literaturhaus gibt es regelmäßig Lesungen und Ausstellungen. Auch im Literaturhaus: die Akademie des Deutschen Buchhandels. Empfehlenswert: die hauseigene Brasserie »OskarMaria«.

16 Der Bronzekeiler
Der Glücksbringer vor dem Jagd- und Fischereimuseum

Abergläubisch sind wir ja alle nicht. Aber berühren tun wir ihn doch. Den bronzenen Keiler in der Fußgängerzone. Das bringt nämlich Glück – allemal für den, der dran glaubt. Und das tun viele Menschen. Wie sonst wäre die Schnauze des riesigen, zwischen Karlstor und Marienplatz sitzenden Bronzekeilers so blank poliert? Doch das Wildschwein sitzt dort nicht ausschließlich als Glücksbringer, sondern macht, wie auch der bronzene Riesenwels, auf ein Museum aufmerksam, das selbst viele Münchner noch nicht von innen gesehen haben. Denn hinter der Fassade der unweit des Keilers aufragenden gotischen Basilika verbirgt sich das Deutsche Jagd- und Fischereimuseum, ein Tipp auch für Jagdmuffel und Nichtangler. Für Kinder allemal.

Die 1933 durch das damalige Bayerische Ministerium für Ernährung, Landwirtschaft und Forsten erworbene Trophäensammlung des Grafen Arco-Zinneberg bildete den Grundstock für das ein Jahr später gegründete Jagdmuseum. 1938 wurde auf Betreiben der Nazis und des obersten »Jägers« Hermann Göring das Deutsche Jagdmuseum im nördlichen Flügel des Nymphenburger Schlosses eröffnet. Zu Beginn des Zweiten Weltkriegs wurde das Museum dann geschlossen, die Bestände evakuiert. Erst 1966 wurde es mitten in der Fußgängerzone wiederbelebt, in der bis zur Säkularisation 1803 aktiven Augustinerkirche. 1982 kamen Süßwasserfische und Angelzubehör hinzu, und das Museum erhielt seinen heutigen Namen.

Zu sehen sind heute rund 1.000 präparierte Wildtiere – darunter Riesenhirsche und Höhlenbären, Vögel und Fische. Jagdwaffen und Angelgerät von der Steinzeit bis zur Gegenwart werden ausgestellt, interaktiv eine Tour durch die Geschichte des Jagens unternommen. Hinzu kommen Gemälde, Grafiken, Gläser und Porzellan mit vielfältigen Jagd- und Tiermotiven. Und besonders mysteriös: Das große Fenster mit den Wolpertingern, den bayerischen Fabelwesen.

Adresse Deutsches Jagd- und Fischereimuseum, Neuhauser Straße 2 (Fußgängerzone), 80331 München (Altstadt), Tel. 089/220522 | **Anfahrt** U5, Haltestelle Karlsplatz (Stachus), U3/6, Haltestelle Marienplatz | **Öffnungszeiten** täglich 9.30–17 Uhr, letzter Einlass 16.15 Uhr. Do bis 21 Uhr, letzter Einlass 20.15 Uhr | **Tipp** Für Kinder eine Attraktion: Das Museum bietet immer wieder spannende Nachtpirschen an. Mit Taschenlampen bewaffnet, werden unter der Führung eines Museumspädagogen Erlebnistouren durchs Museum gestartet.

17 _ Die Burg Grünwald
Jagdschloss, Gefängnis, Pulvermagazin und Museum

Ganz formal gehört Grünwald gar nicht zu München, sondern ist eine eigene Gemeinde. Aber das sollte man mal den vielen prominenten und semiprominenten Bewohnern beibringen. Die wohnen in München-Grünwald. Denn Grünwald ist ein gefühlter Stadtteil im exklusiven Süden der Stadt. Schauspieler, Verleger, Industrielle, Fußballprofis, Reiche und Superreiche sind hier zu Hause, und einige ganz »Normale«. Viele Villen und Luxusanwesen verbergen sich hinter hohen Mauern, kleinen Festungen und Burgen gleich, die gegen die »einfachen Leute« verteidigt werden wollen.

Die wichtigste Burg in Grünwald, für jedermann zugänglich, kennen die wenigsten wirklich. Aber sie erinnern sich vielleicht daran, dass hier 20 Jahre lang der 1999 verstorbene, umtriebige Generalintendant der Bayerischen Staatstheater, August Everding, seine Dienstwohnung hatte, nicht unumstritten zu einem günstigen Mietzins, und das in dieser Lage.

Die hoch über dem steil abfallenden Isarufer liegende spätmittelalterliche Burganlage, seit 1260 im Besitz der Wittelsbacher, diente jahrhundertelang als Jagdschloss, war dann Staatsgefängnis für adelige Straftäter, schließlich ein Munitionsdepot und seit den 1880er Jahren, erworben von der Bildhauerfamilie Paul Zeiller, schließlich wieder zur romantischen Ritterburg erwacht. Seit 1978 gehört die grundlegend renovierte Burg dem Freistaat Bayern. Das archäologische Burgmuseum Grünwald im Westflügel der alten Herzogsburg ist eine Außenstelle der Archäologischen Staatssammlung München. Der Burgturm beherbergt Dokumente zur Burggeschichte, der Westflügel das römische Lapidarium. Teile des Ostflügels, in denen vielfach Sonderausstellungen zu sehen sind, werden privat bewohnt. »Die oiden Rittersleit« von Karl Valentin sind übrigens die mittelalterlichen Bewohner der Burg Grünwald. Vom Turm aus, wenn er denn geöffnet ist, hat man bei gutem Wetter einen herrlichen Panoramablick bis nach München, auf das Isartal und die Alpen.

Adresse Zeillerstraße 3, 82031 Grünwald bei München, Tel. 089/6413218 | **Anfahrt** Tram 25, vorbei am Bavaria Filmstudio, Endhaltestelle Derbolfinger Platz. Die 25 ist die einzige Trambahnlinie, die das Stadtgebiet Münchens verlässt. | **Öffnungszeiten** April–Okt. Mi–So 10–16.30 Uhr | **Tipp** Mit der Straßenbahn nach Grünwald fahren, das letzte Stück wird ganz eng und grün, passend zum Namen des Ortes. Auf dem Weg nach Grünwald in Geiselgasteig aussteigen und einen Besuch der Bavaria Film einplanen. Besonders attraktiv: Die Führungen durch die Filmstadt des »bayerischen Hollywoods« und das 4-D-Erlebniskino.

18__ Das Café im Valentin-Karlstadt-Musäum

Schräges auf zwei Etagen und im Turm

Das gibt es nur am Isartor, dem im 14. Jahrhundert erbauten östlichen Münchner Stadttor. Schon der Eingang ist nicht von dieser Welt. Nichts geht geradeaus, keine Mitteilung ohne doppelten Boden, jede Botschaft ein Bonmot. Das Valentin-Museum oder wie es richtig geschrieben wird: Musäum, oder nach der Einbeziehung seiner kongenialen Partnerin Liesl Karlstadt jetzt korrekt: Valentin-Karlstadt-Musäum, ist ein einzigartiges Stück Münchner Kabarett- und Kleinkunstgeschichte. Hier im Turm sind Skurriles und Kurioses Programm.

Karl Valentin (1882–1948) galt und gilt in München und natürlich darüber hinaus als Universalgenie. Er war Komiker, Stückeschreiber, Schauspieler, Filmemacher und Volkssänger in einem. Gemeinsam mit seiner Partnerin, der Volksschauspielerin Liesl Karlstadt (1892–1960), avancierten sie zu einem der berühmtesten Komiker- und Künstlerduos Deutschlands. Das Museum erzählt davon, beginnend mit dem Nagel, an den Karl Valentin seinen Schreinerberuf hängte, um Volkssänger zu werden.

Eine steile Wendeltreppe führt in die Etagen voller Fotos, Film- und Tondokumenten und unnachahmlich schrägen Objekten. Da sind der pelzbesetzte Winterzahnstocher, der seltene Tropfen Beamtenschweiß, die geschmolzene Schneeplastik oder die Uhr mit der exakten Zeit von gestern. Eine Etage des seit 1959 bestehenden Museums, an dessen Turm eine Uhr rückwärts läuft, gehört Karl Valentin, die andere Liesl Karlstadt. Dann gibt es ein Kino, eine ständige Volkssängerausstellung und, der Höhepunkt jeden Museumsbesuchs, das Turmstüberl unter dem Dach des Südturms. In diesem außergewöhnlichsten Café der Stadt, möbliert im Stil der vorletzten Jahrhundertwende, sind 400 Exponate platziert, die allesamt mit Münchner Volkssängern und Komikern zu tun haben. Ein wenig plüschig zwar, aber das muss so sein, mit vielen originellen Einzelstücken.

Adresse Tal 50, 80331 München (Altstadt), Tel. 089/293762 | **Anfahrt** S1–8; Tram 17/18; Bus 131, Haltestelle Isartor | **Öffnungszeiten** Mo, Di, Do 11.01–17.29 Uhr, Fr, Sa 11.01–17.59 Uhr, So 10.01–17.59 Uhr. Jeden ersten Freitag im Monat Programm und Abendöffnung bis 21.59 Uhr. | **Tipp** Auf dem Viktualienmarkt stehen die bedeutendsten Münchner Volkssänger und Komiker an ihren eigenen Brunnen.

19 Der Circus-Krone-Zoo
Feste und freie Tiergehege inmitten der Stadt

Wo kann man in München exotische Tiere sehen? Natürlich im Tierpark Hellabrunn. Aber da gibt es noch ein Gehege, einen Zoo, mitten in der Stadt, aber immer nur wintertags. Hinterm Bahnhof, ganz dicht beim Augustiner-Biergarten. Und die wenigsten Münchner wissen das. Denn immer, wenn die vielen Tiere des Circus Krone zu Hause in ihren angestammten Ställen überwintern und zu den Vorstellungen des Winterspielplans im Festbau Hof halten, sich also nicht auf Deutschland- und Europatournee befinden, sind sie für die Münchner auch besuchbar. Nicht herausgeputzt und zurechtgemacht mit Federschmuck und bunten Sätteln, sondern ungeschminkt wie im richtigen Tierleben.

Über 60 Pferde stehen da in ihren Stallungen, Einzelboxen mit Fußbodenheizung, Solarium und Waschplatz. Die Elefanten in ihrem beheizten Domizil lassen bitten, das Affenhaus mit den seltenen Schweinsaffen ist eine Attraktion. Löwen, Tigern, Nashörnern und Kamelen kann man bei der Fütterung, mitunter auch bei Proben in der Manege zusehen.

Der 1905 von Carl Krone gegründete Zirkus bezog 1919 erstmals einen festen Bau für 4.000 Zuschauer am Münchner Marsfeld, dem heutigen Standort. 1944 kriegsbedingt vollkommen zerstört, wurde bereits ein Jahr später ein Zirkusgebäude aus Holz für 1.800 Zuschauer errichtet. Der heutige Festbau mit 3.000 Sitzplätzen und einer freitragenden Kuppel von 18 Meter Höhe, festen Stallungen, Probemanegen und Werkstätten entstand 1962 und ist der einzige feste Zirkusbau dieser Art in Europa.

Mit mehr als 300 Mitarbeitern, 250 Tieren, 300 Wohn- und Gerätewagen, einem mobilen Zirkusrestaurant, einer Zirkusschule, Werkstätten und einem Zirkuszelt mit 4.500 Sitzplätzen, 22 Meter hohen Masten und 14 Meter hoher Kuppel ist der Circus Krone der größte Zirkus Europas. Wenn der Treck München verlässt, ist Krone eine riesige Stadt auf Rädern. Der Leitsatz: »Eure Gunst – unser Streben«.

Adresse Zirkus-Krone-Straße 1–6, 80335 München (Maxvorstadt), Tel. 089/545800-0 | **Anfahrt** S1–8, Haltestelle Hackerbrücke; Tram 16/17, Haltestelle Hackerbrücke | **Öffnungszeiten** während der Winterspielzeit So, feiertags 10–18 Uhr, Führungen um 11 Uhr | **Tipp** Eine Maß Bier und ein halbes Hähnchen gibt es im Augustiner-Keller oder im Augustiner-Biergarten in der Arnulfstraße ein paar Schritte entfernt.

20 — Das Conviva im Blauen Haus
Die Kantine der Kammerspiele

Man hat sich gerade zum Essen niedergelassen, und dann kommt die Durchsage. »Martin Wuttke, Herr Wuttke, bitte zur Bühne.« Oder: »Frau von Hagen, bitte in die Garderobe.« Während im Restaurant die Kalbsleber oder der Garnelenspieß serviert werden, spürt der Gast, der hier im Restaurant Conviva diniert, was hinter den Kulissen vor sich geht. Das hektische Theatertreiben, das Bühnenleben. Die Vorstellung läuft noch. Denn Herr Wuttke oder Frau von Hagen könnten ja auch in ihren auftrittsfreien Minuten mal eben in der Kantine eine Erfrischung gegriffen haben, am Nebentisch sitzen, und müssen jetzt schnellstens zum Set. Das Conviva im Blauen Haus ist nicht nur das Theaterrestaurant der Münchner Kammerspiele, sondern auch die Kantine für die 300 Mitarbeiter und das Ensemble des Theaters.

Das 2004 eröffnete Conviva ist eines der ungewöhnlichsten Restaurants der Stadt. Mittags essen hier die Angestellten der umliegenden Büros, und abends speist hier die Theaterszene. Spätestens nach dem Schlussapplaus füllt sich das Lokal bis auf den letzten Platz. Die Symbiose von Theaterkantine und öffentlichem Restaurant ist das Ungewöhnliche, das hinter dieser Einrichtung stehende Konzept das Entscheidende.

Denn dieses optisch eher nüchterne, aber klar strukturierte Restaurant mit seinen langen Holztischen, eine Kantine eben, ist das erste und einzige Restaurant der Stadt, das mehrheitlich von Menschen mit Behinderungen getragen wird. Über die Hälfte der rund 35 Mitarbeiter ist geistig oder körperlich behindert, dabei aber voll in das Theaterrestaurant integriert. Berührungsängste zwischen Menschen mit Handicap und denen ohne sollen so abgebaut werden. Angestellt sind die Mitarbeiter bei der 1985 gegründeten »Cooperative Beschützende Arbeitsstätten« (CBA), deren vornehmliches Ziel es ist, Behinderten die Integration ins Arbeitsleben zu ermöglichen.

Adresse Hildegardstraße 1, 80539 München (Altstadt), Tel. 089/23336977 | **Anfahrt** U3/6, Haltestelle Marienplatz; Tram 19, Haltestelle Kammerspiele | **Öffnungszeiten** Mo–Sa 11–1 Uhr, So, feiertags 17–1 Uhr | **Tipp** Die Münchner Kammerspiele befinden sich in dem 1901 von Richard Riemerschmid im Jugendstil erbauten Theater in der Maximilianstraße schräg gegenüber dem Hotel Vier Jahreszeiten. Den Kammerspielen im dortigen Areal angeschlossen sind das kleinere Werkraumtheater, die Spielhalle im Probengebäude und die Schauspielschule Otto-Falckenberg.

21 Die Deutsche Eiche
Schwulentreff mit langer Tradition

Das Gärtnerviertel und das Glockenbachviertel sind Eldorados der Münchner Schwulenszene mit teilweise sehr edlen und stilvollen Bars und Restaurants. Traditionell die erste Adresse ist sicherlich die Deutsche Eiche in der Reichenbachstraße unweit des Viktualienmarktes. Richtig populär geworden ist das Etablissement vor allem durch den Regisseur und Filmemacher Rainer Werner Fassbinder, der mit seiner Entourage in den 1970er und 1980er Jahren Wirtschaft und Hotel der Deutschen Eiche dominierte und lange Zeit der Deutschen Eiche vis-à-vis wohnte. Aber auch die Tänzer des nahen Gärtnerplatztheaters stiegen und steigen hier ab, namhafte Schauspieler, Theatermacher und Künstler. Die Gästeliste: ein Who's who nationaler und internationaler Prominenz. Zu den treuesten Besuchern gehörte jahrelang Queen-Sänger Freddie Mercury.

Entsprechend waren die internationalen Proteste, als das Lokal Mitte der 1990er Jahre einer spekulativen Kernsanierung zum Opfer fallen sollte und die Besitzerin in der dritten Generation aufgab. Doch es fanden sich passende Nachfolger. Und so blieb das Lokal das, was es seit Jahrzehnten war, eine Hochburg der Schwulenszene. Und dazu wurde die Eiche kräftig umgebaut und generalrenoviert, alles wurde ein wenig edler. Schwul oder nicht schwul – ein Besuch dieses denkmalgeschützten Baus von 1864 mit seiner neoklassizistischen Fassade lohnt sich immer, schon aus cineastischen Gesichtspunkten. Überall hängen Bilder von Filmemachern, natürlich bestimmt Rainer Werner Fassbinder die Wände. Hier hat er seine »Lola« gedreht, Dutzende seiner Schauspieler rekrutiert.

Zur Gaststätte und der zum Designerhotel aufgepeppten Eiche kommt im Rückgebäude noch das »Badehaus« für Männer, eine der populärsten Saunalandschaften der europäischen Szene. 100.000 Gäste aus aller Welt lassen es sich hier jährlich gut gehen, eine Attraktion im Münchner »gay tourism«.

Adresse Reichenbachstraße 13, 80469 München (Isarvorstadt), Tel. 089/231166-0 | **Anfahrt** U1/2, Haltestelle Fraunhoferstraße; Tram 17/18, Haltestelle Reichenbachplatz | **Öffnungszeiten** täglich 7–1 Uhr | **Tipp** Es sind nur wenige Schritte bis zum nahen Gärtnerplatz mit dem Gärtnerplatztheater und zahlreichen schönen Lokalitäten.

22 Der Dichtergarten
Der Ort, an dem man Heinrich Heine trifft

Dieser Garten ist verwunschen. Wenn man dieses gerade mal zwei Hektar große Areal zwischen Von-der-Tann-Straße, Hofgarten und Prinz-Carl-Palais betritt, fragt man sich, warum man nicht schon öfter hier war und wie man diesen Garten all die Jahre übersehen konnte. Und wenn man in diesem grünen Kleinod dann noch den Dichtern Heinrich Heine und Fjodor Tjutschew, dem Philosophen Konfuzius und neuerdings auch dem Komponisten Frédéric Chopin begegnet, wird klar, dass die Bayerische Schlösserverwaltung aus dem einstigen Finanzgarten kurzerhand den »Dichtergarten« gemacht hat.

Der Garten liegt auf den Resten einer Befestigungsanlage aus dem Dreißigjährigen Krieg, deshalb der Hügel, der wie ein kleiner Vulkan wirkt. Ab 1644 diente er den Theatinermönchen als Nutzgarten. Abbé Pierre de Salabert, Erzieher des Kurfürsten Maximilian IV. Joseph, kaufte Ende des 18. Jahrhunderts den Theatinergarten, ließ einen kleinen landschaftlichen Park anlegen und für sich ein Palais bauen, das heutige Prinz-Carl-Palais. Ab 1876 wurde das Palais Sitz der Finanzminister und der Garten zum »Finanzgarten«. Nach Kriegszerstörungen und expansivem Straßenbau dienten Teile des Gartens als Parkplätze und Tankstelle. Seit Anfang der 1980er Jahre besteht der Dichtergarten in seiner heutigen Form.

Versteckt, markant und einige Rätsel aufgebend: das Heinrich-Heine-Denkmal von Toni Stadler von 1958, von Spinnweben überzogen und ein wenig morbid. Knapp zwei Jahre lang hatte Heinrich Heine (1797–1856) in München gelebt, wo er als Redakteur für den Cotta'schen Verlag arbeitete. Heine hätte gerne eine Professur an der Münchner Universität erworben, wurde aber abgewiesen.

Der elegante Herr mit Zylinder ist Fjodor Tjutschew (1803–1873), russischer Dichter und Diplomat in München. Die Konfuzius-Statue wurde als Geschenk der chinesischen Stadt Shandong 2007 aufgestellt, das Chopin-Denkmal 2010 in Erinnerung an einen Besuch des Komponisten 1831 in München.

Adresse Galeriestraße 6, 80539 München (Maxvorstadt) | **Anfahrt** U4/5, Haltestelle Odeonsplatz | **Öffnungszeiten** immer begehbar | **Tipp** An der Fassade des Radspielerhauses in der Hackenstraße 7 erinnert eine Gedenktafel daran, dass hier Heinrich Heine zwischen 1827 und 1828 gewohnt hat. Sehenswert: der große Garten im Hof des Radspielerhauses, zu begehen durch das Geschäft »Radspieler«.

23 Das DNA-Besucherlabor im Deutschen Museum

Mit dem genetischen Fingerabdruck ein Verbrechen klären

Ein Dutzend Jugendliche in weißen Kitteln, hochmotiviert bei der Sache. In einem Hightech-Labor. Sie hantieren mit Pipetten, Zentrifugen und anderen Laborgeräten aus der Molekularbiologie. Sie sind dabei, eine DNA-Probe zu entnehmen. Von sich, denn allesamt gelten sie in diesem Spiel als Verdächtige. Mit den modernsten Methoden der Forensik wollen sie den fiktiven Täter identifizieren und überführen – mittels eines genetischen Fingerabdrucks, der dann mit der Tatort-Probe verglichen wird. Sie erstellen eine komplette DNA-Analyse und experimentieren mit dem, was die moderne Kriminalistik als Zeitenwende feiert.

Das Deutsche Museum hat mit seinem Zentrum Neue Technologien (ZNT) die Bio- und Nanotechnologie auf die Museumsinsel in der Isar geholt, nicht ausschließlich in Form einer statischen Ausstellung, sondern als eine Art Dialogforum. Hier können Besucher Forschern live über die Schulter schauen, mit Genen experimentieren, Forschungspraxis sofort und spannend erleben, neueste Technologien kennenlernen und begreifen. Im Umkehrschluss gilt für Forscher, die eng mit dem Deutschen Museum zusammenarbeiten, dass sie mit den Besuchern in Dialog treten können. Die Neuen Technologien werden dabei nach ihrem Gebrauchswert im Alltag, ihrer praktischen Anwendung und beruflichen Umsetzung immer hinterfragt.

Seit 2010 gibt es im ZNT das über den Ausstellungsexponaten schwebende DNA-Besucherlabor, das einem futuristischen Ufo gleicht. Hier kann jeder Besucher selbst Versuche durchführen, sich unter Anleitung mit Zellbiologie, Vererbung und Gentechnik auseinandersetzen, per Touchscreen auch die kompliziertesten Laborgeräte bedienen. Unterschiedliche Kurse werden für Interessierte ab der 9. Klasse angeboten, aber man kann auch bei einem ganz normalen Museumsbesuch in die Labortests einsteigen.

Adresse Museumsinsel 1, 80538 München (Isarvorstadt), Tel. 089/2179564 | **Anfahrt** S1/2/4–8, Haltestelle Isartor; U1/2, Haltestelle Fraunhoferstraße; Tram 17, Haltestelle Isartor; Tram 18, Haltestelle Deutsches Museum; Bus 132, Haltestelle Boschbrücke | **Öffnungszeiten** täglich 9–17 Uhr | **Tipp** Das Kinderreich im Untergeschoss des Deutschen Museums bietet für drei- bis achtjährige Kinder eine muntere Experimentier- und Erlebniswelt mit einem Einstieg in die Grundlagen der Technik.

24 Das Ehrengrab des Franz von Lenbach

Der Münchner Malerfürst auf dem Westfriedhof

Man sieht schon an der Wucht des Grabes, wer in seinem Genre die wirkliche und unumstrittene Nummer eins in München war: Franz von Lenbach (1836–1904). Ein Mausoleum auf dem Friedhof, direkt an der Mauer links, hat nur er. Bei ihm begraben, in dem von der Stadt München bereitgestellten Ehrengrab, wurde auch seine zweite Ehefrau Lolo von Lenbach (1861–1941), deren Vater, der Musiker Freiherr Robert von Hornstein (1833–1897), gleich im Grab neben dem Mausoleum ruht. Lenbach hatte Lolo, die er als häufiger Gast im Elternhaus der Hornsteins schon lange kannte und die auch Malerei studierte, 1896 geheiratet und mit ihr zwei Kinder bekommen. Die beiden residierten in der eigens für ihn von Architekt Gabriel von Seidl zwischen 1887 und 1889 in italienischem Stil mit Terrassen und Loggien erbauten Villa in nächster Nähe des Königsplatzes. Lolo von Lenbach lebte ganz für die Kunst ihres Mannes und verwaltete sein Erbe auch nach dessen Tod 1904 und der pompösen Beerdigung auf dem Westfriedhof, als Tausende Münchner den Trauerzug begleiteten. 1924 erwarb die Stadt München die Lenbach-Villa, Lolo von Lenbach stiftete zum Andenken an ihren Mann die große Sammlung mit Gemälden und Kunstgegenständen. 1929 wurde die Städtische Galerie im Lenbachhaus eröffnet.

Den Münchner Westfriedhof im Süden Moosachs gibt es seit 1898, die Aussegnungshalle und die anderen Gebäude wurden nach Plänen des damals führenden Friedhofsarchitekten Hans Grässel 1902 vollendet. Mehrmals wurde der Westfriedhof erweitert und umfasst heute rund 40.000 Grabplätze. Hier liegen zahlreiche bekannte Persönlichkeiten, darunter Bernhard Borst (1883–1963), der Gründer der Borstei, der Journalist und Quizmaster Robert Lembke (1913–1989), die ehemalige iranische Kaiserin Soraya Esfandiary Bakhtiari (1932–2001), aber auch der frühere Chef der SA Ernst Röhm (1887–1934).

Adresse Baldurstraße 28, 80637 München (Moosach) | **Anfahrt** U1, Tram 20/21, Bus 164/165, Haltestelle Westfriedhof | **Öffnungszeiten** März 8–18 Uhr, April–Aug. 8–20 Uhr, Sept.–Okt. 8–19 Uhr, Nov.–Feb. 8–17 Uhr | **Tipp** Es lohnt sich auch ein Besuch des Waldfriedhofs in Fürstenried, dem ersten Friedhof dieser Art in Deutschland, und des Ostfriedhofs in Obergiesing, dessen Friedhofsbauten ebenfalls von Hans Grässel stammen.

25 Der Elisabethmarkt
Einkaufen wie auf dem Lande – nur ein bisschen teurer

Hier stand Sissi Patin, oder besser: Kaiserin Elisabeth von Österreich. Unmittelbar nach ihrem Tod 1898 erhielt der Platz zwischen Arcis-, Elisabeth- und Nordendstraße ihren Namen. Schließlich hatte die mächtige österreichische Regentin tiefe Wurzeln in Bayern, ihre Kindheit in München verbracht. Sie war die Tochter von Herzog Max Joseph, ihr Cousin war niemand Geringerer als Ludwig II., der »seine« Sissi stets verehrte. Schließlich hatte sie den österreichischen Kaiser Franz Joseph I. geheiratet, der bereits 1894 mit der Franz-Joseph-Straße »seine« Straße erhalten hatte. Immerhin weilte das Kaiserpaar häufiger bei der erlauchten Verwandtschaft in München und besonders in Schwabing. Den Markt am Elisabethplatz als feste Einrichtung gibt es seit 1903, nachdem einige Vorläufer sich mehr schlecht als recht durch die Jahrzehnte geschleppt hatten. Wie auch am Viktualienmarkt haben die Händler hier keine Mietverträge, sondern erhalten die Standzuweisung von der Stadt. Entsprechend lang sind die Vormerklisten, denn die Stände sind allesamt kleine Goldgruben.

Heute ist der Elisabethmarkt eine Oase mitten in Schwabing; nicht mehr wegzudenken für diejenigen, die dort wohnen. Auf 3.000 Quadratmetern gibt es in kleinen festen Verkaufshäuschen und ausladenden Stellflächen Obst und Gemüse, Fleisch und Geflügel, Käse und Wein, Blumen und allerlei Accessoires. Einige Stände bieten Imbisse an, ein kleiner Metzger, ein spanischer Feinkostladen, ein Spezialist für ökologisch zubereitete Kost, ein französischer Käsefachmann. Aber aufgepasst: Preiswert ist der Elisabethmarkt nicht. Oder anders gesagt: Er ist der hier lebenden Klientel angemessen.

Gemütlich ist der kleine Biergarten neben den Marktständen, der sogenannte Wintergarten. Der Pavillon war ursprünglich ein Milchhäusl, heute freilich treffen sich hier freudige Zecher. Und auch die häufig wechselnden Wirte mit ihrer leidlichen Küche schaffen es nicht, dem Wintergarten den Garaus zu machen. Da holt man sich zum Bier kurzerhand ein leckeres Schmankerl von einem der Marktstände.

Adresse Elisabethplatz 1, 80796 München (Schwabing) | **Anfahrt** Tram 27, Haltestelle Elisabethmarkt; U2, Haltestelle Josephsplatz; U3/6, Haltestelle Giselastraße | **Öffnungszeiten** variieren von Stand zu Stand, Kernzeit Mo–Fr 8–18 Uhr, Sa 8–14 Uhr | **Tipp** Dem Markt gegenüber in der Franz-Joseph-Straße 47 liegt die Schauburg, Münchens renommiertes Kinder- und Jugendtheater. Interessant: das überdimensionale Graffito am Gebäude des E-Werkes der Stadtwerke im südlichen Teil des Marktes.

26 Das Fenster im Museum Brandhorst

Ein Blick nach draußen, der einen nicht mehr loslässt

Durch seine farbige Außenfassade wirkt das im Mai 2009 eröffnete Museum Brandhorst, egal aus welchem Blickwinkel man es betrachtet, wie ein hochkarätiges abstraktes Kunstwerk. Auf einer Haut aus Aluminiumblech sitzen 36.000 vertikal platzierte, einen Meter lange Vierkantstäbe aus unterschiedlich zart farbig glasierter Keramik. Die über 20 unterschiedlichen Farben changieren je nach Blickrichtung, die Fassade wirkt mal leicht und spielerisch, mal flirrend und irritierend, immer aber elegant und anmutig. Damit ist den Berliner Architekten Matthias Sauerbruch und Louisa Hutton inmitten der Münchner Pinakothekenwelt ein architektonisches Highlight gelungen, das sich auch im Innern fortsetzt und voller Überraschungen steckt.

Eine große Treppe aus hellem dänischen Eichenholz im lichtdurchfluteten Eingangsbereich verbindet die drei Ausstellungsebenen mit über 700 Kunstwerken. Der Werkblock des Pop-Art-Künstlers Andy Warhol, der wie nirgendwo sonst in Europa mit über 100 Werken vertreten ist, bildet einen der Höhepunkte. Und in der oberen Etage wird der Besucher von den gewaltigen Wandbildern, Zeichnungen und Skulpturen des amerikanischen Künstlers Cy Twombly »erschlagen«. Dazu Gerhard Richter, Sigmar Polke, Georg Baselitz, Katharina Fritsch und Damien Hirst.

Wenn man den »Lepanto«-Zyklus von Cy Twombly in den eigens dafür gestalteten riesigen Räumen durchschritten hat, erreicht man eine Lounge, eine Oase am Ende dieses faszinierenden Museums, einen Ort tiefer Ruhe und Zurückgezogenheit. Bequeme Ledersessel zwingen einen förmlich zur Pause, zum Verharren, zum Meditieren. Denn hier tut sich einer der privilegiertesten Blicke Münchens auf, hinaus durch das Fenster. Der Blick auf die Pinakothek der Moderne und auf die Alte Pinakothek. Dieser Blick lohnt den Besuch des Museums Brandhorst. Immer wieder und zu jeder Jahreszeit.

Adresse Theresienstraße 35a, 80333 München (Maxvorstadt) | **Anfahrt** U2, Haltestelle Königsplatz oder Theresienstraße; Tram 27, Bus 100, Haltestelle Pinakotheken; | **Öffnungszeiten** täglich außer Mo 10–18 Uhr, Do 10–20 Uhr | **Tipp** Das Museum Brandhorst liegt inmitten des Kunstareals aus Alter und Neuer Pinakothek, der Pinakothek der Moderne, dem Lenbachhaus sowie der Glyptothek und der Staatlichen Antikensammlung am Königsplatz.

27 — Der Flughafen in der neuen Messestadt

Sichtbare Zeichen einer Luftfahrtepoche

Viel Phantasie ist nötig, sich vorzustellen, dass hier auf dem neuen Messegelände Riem einst Münchens wichtigster Flughafen beheimatet war, das jahrzehntelange Drehkreuz des Südens mit jährlich zwölf Millionen Passagieren.

Im Jahr 1939 wurde der Flughafen Riem eröffnet, ähnlich konzipiert wie Berlin-Tempelhof. Der Vorgängerflughafen in München war der Flugplatz Oberwiesenfeld, der aber schon von Anfang an zu klein konzipiert war und nach 30 Jahren geschlossen wurde. Zum Zeitpunkt der Eröffnung gehörte der neue Flughafen Riem zu den modernsten der Welt. 1945 wurde er durch alliierte Bomben nahezu komplett zerstört, aber schon drei Jahre später als erster deutscher Flughafen nach dem Krieg wieder vollständig dem zivilen Luftverkehr übergeben. Trotz immer neuer Verlängerungen der Start- und Landebahn, zum Schluss bis auf knapp drei Kilometer Länge, und weiterer An- und Abflughallen platzte auch Riem aus allen Nähten. Am 17. Mai 1992 gingen in Riem die Lichter aus. Nach jahrzehntelangen Planungen und jahrelanger Bauzeit zog der Münchner Flughafen um – in einer einzigen Nacht. In den neuen Münchner Flughafen im Erdinger Moos.

Die meisten Gebäude des alten Flughafens wurden abgerissen, aber zwei entscheidende Bauten sind auch heute noch zu sehen und stehen unter Denkmalschutz. Der rote Backsteintower und linker Hand davon die alte 13 Meter hohe Ankunftshalle, die sogenannte Wappenhalle, zwischenzeitlich genutzt von der Rock- und Technoszene.

Die Münchner Messe, die 1998 von der Theresienhöhe nach Riem verlegt wurde, gehört heute mit rund 20 Messehallen und jährlich etwa 40 Fachmessen zu den modernsten ihrer Art in Deutschland. Zusammen mit Dutzenden Wohn- und Büroeinheiten, den Riem Arcaden und der Bundesgartenschau 2005 hat sich aus dem alten Flughafenareal die »Messestadt Riem« entwickelt.

Adresse Am Messesee 2, 81823 München (Riem) | Anfahrt U2, Haltestelle Messestadt West | Tipp Nicht verpassen: Im Messesee das Kunstwerk »Gran Paradiso« von Stephan Huber. In einem monumentalen Regal sind auf sechs Etagen maßstabsgetreu Modelle bizarrer Alpengipfel zu sehen. Von Huber stammt auch die Skulptur »Hängende Brunnen« im neuen Münchner Flughafen, Terminal A.

28   Die Forschungsbrauerei
Bierspezialitäten im Südosten von München

Es gibt Münchner, die lieben die Forschungsbrauerei; die können den Anstich im Frühjahr kaum erwarten. Für sie ist das Lokal eine zentrale Pilgerstation der Biergartensaison, eine Wallfahrt raus nach Perlach, die einer Kur gleichkommt. Ohne Frage ist die Forschungsbrauerei, von der die meisten Münchner nie gehört haben, eine der skurrilen Adressen der Stadt. Für den, der's mag natürlich.

Der studierte Brauingenieur Gottfried Jakob hatte immer einen Hang zum Experimentieren. Nach einem Vierteljahrhundert praktischer Braukunst gründete er 1930 schließlich in Altperlach seine eigene Forschungsbrauerei. Er hatte sich zum Ziel gesetzt, neue Brauverfahren zu entwickeln und vor allem: eigene und bessere Biersorten zu kreieren, natürlich streng nach den Kriterien des Reinheitsgebotes. So brachte er es auf über zwei Dutzend Patente rund ums Bier.

Dann gelang ihm durch ein spezielles Maischverfahren der große Wurf: Ein bernsteinfarbenes, vollmundiges Starkbier. Der St. Jakobus Blonder Bock war geboren, 7,5 Prozent Alkohol, 19,5 Prozent Stammwürze. Daran hat sich bis zum heutigen Tag nichts geändert. Und dann der zweite Streich: das gelbgoldene helle Exportbier Pilsissimus mit 5,2 Prozent Alkohol und »feinporiger Schaumkrone«. Das war es dann aber auch, weitere Biere folgten nicht. Beide äußerst süffigen Köstlichkeiten werden seither nur und ausschließlich in der Forschungsbrauerei ausgeschenkt, für daheim kann man aber vor Ort einen Träger kaufen.

Serviert werden die beiden Hausbiere im Bräustüberl oder im hauseigenen Biergarten, in Keferloher Steinkrügen, die das Bier besonders lange kühl halten. Geöffnet hat die Forschungsbrauerei immer bis Kirchweih im Oktober. Dann beginnt eine viermonatige Durststrecke, bis das Bräustüberl zum Starkbieranstich in der Fastenzeit wieder öffnet. Nach drei Generationen »Jakob« ging die Forschungsbrauerei 2011 in neue Hände über.

Adresse Unterhachinger Straße 76, 81737 München (Perlach), Tel. 089/6701169 | **Anfahrt** S6, Haltestelle Perlach | **Öffnungszeiten** Anfang März bis zum Kirchweihsonntag im Oktober Di–Sa 11–23 Uhr, So, feiertags 10–22 Uhr | **Tipp** Sehenswert sind auch der kleine Ortskern von Ramersdorf mit der malerischen Pfarrkirche St. Maria samt Innenhof und kleinem Friedhof sowie der Ortskern von Perlach entlang dem Hachinger Bach.

29 Die Fürstengruft
Das Grab des Märchenkönigs in der Fußgängerzone

Hier liegt der »Kini«, wie die Bayern bis zum heutigen Tag liebevoll ihren populärsten König titulieren. Hier, inmitten seiner Vor- und Nachfahren, in dieser dunklen, muffigen Gruft unterhalb der lichten Renaissancekirche St. Michael in der Fußgängerzone zwischen Marienplatz und Stachus. Aber viele Münchner wissen gar nicht, wenn sie gehetzt durch die Neuhauser Straße shoppen, dass schräg unter ihnen ihr Märchenkönig ruht. Da lohnt ein Stopp, ein kurzes Innehalten. Ein Herabsteigen in die Fürstengruft der Wittelsbacher.

Bereits beim Bau der Jesuitenkirche St. Michael und des angeschlossenen Kollegs zwischen 1583 und 1597 durch Herzog Wilhelm V. (1548–1626) wurde die Fürstengruft fest eingeplant. Der Gründer und seine Frau Renata von Lothringen liegen hier ebenso begraben wie ihr Sohn Kurfürst Maximilian I. (1573–1651). Für den Zinksarkophag von Ludwig II. (1845–1886) musste aber der Erbauer der Kirche von seinem prädestinierten Sockel in der Gruft weichen. Ludwigs Sarg ist verziert mit einer überdimensionalen goldenen Krone auf steinernen Samtkissen, einer Tafel mit Rosen für den »wunderbarsten König«. Der Trauerzug und die Beisetzung nach seinem sagenumwobenen Tod im Starnberger See wurden zu einem der größten Ereignisse, die Bayern je gesehen hat. Insgesamt sind in der Fürstengruft rund 40 Wittelsbacher bestattet, darunter auch Ludwigs Bruder König Otto (1848–1916).

St. Michael war die erste Renaissancekirche nördlich der Alpen und richtungsweisend für den barocken Kirchenbau in Süddeutschland. Sie war Symbol der gegenreformatorischen Bewegung in Bayern und geistiges und kulturelles Zentrum der Jesuiten. Nach Luftangriffen im Zweiten Weltkrieg stürzte das imposante freitragende Tonnengewölbe des Hauptschiffes, das zweitgrößte nach der Peterskirche in Rom, ein, wurde aber unmittelbar nach dem Krieg wiederaufgebaut. Die tiefer gelegene Fürstengruft blieb weitgehend unbeschädigt. 1953 wurde die Kirche neu geweiht.

Adresse Neuhauser Straße 6, 80333 München (Altstadt) | **Anfahrt** U3/6, Haltestelle Marienplatz; U4/5, Haltestelle Odeonsplatz | **Öffnungszeiten** Fürstengruft: Mo–Fr 9–16.30 Uhr, Sa 9.30–14.30 Uhr. St. Michael: täglich 8–19 Uhr, Mo, Fr ab 10 Uhr, So 7–22.15 Uhr. Ab dem 15. Mai ist die Kirche bis 21.30 Uhr geöffnet. | **Tipp** Zahlreiche Wittelsbacher sind auch in der Frauenkirche und in der Gruft der Theatinerkirche beigesetzt, u. a. Kaiser Karl VII. (1697–1745), König Maximilian I. (1756–1825), König Maximilian II. (1811–1864), König Otto I. von Griechenland (1815–1867), Prinzregent Luitpold von Bayern (1821–1912). Von der Ettstraße zugänglich ist die Kreuzkapelle von 1592.

30 Die Galopprennbahn
Freizeit, Golf und schnelle Pferde

Mit der Galopprennbahn ist es ein bisschen wie mit der Oper. Es gehen immer die anderen hin und meist dieselben. Man nimmt schlicht an einem herrlichen Stück München nicht teil. Viele Münchner wissen nicht einmal etwas von ihrem Geläuf. Dabei verfügt die Stadt über eine der schönsten deutschen Galopprennbahnen. Und man muss gar kein Pferdenarr sein, kein Zocker oder Glücksritter, kein Freund schräger Hüte, dekadenten Adels oder durchgeknallter Yuppies. Es reicht, wenn man gute Unterhaltung liebt, mit Pferden nicht auf Kriegsfuß steht, gern in gemütlicher Atmosphäre sein Bier trinkt und einem Spielchen nicht gänzlich abgeneigt ist. Die Galopprennbahn in München-Riem ist eine grüne Oase mit hohem Unterhaltungs-, Spiel- und Freizeitwert.

Der Rennbetrieb in Riem begann 1897 auf einem riesigen Gelände zwischen den damals noch unberührten Dörfern Riem und Dornach. Vorbild für die Flachrennbahn war Iffezheim bei Baden-Baden, für die Hindernisrennbahn Paris-Auteuil. Bis dahin ließ der bereits 1865 durch eine Gruppe Münchner Adeliger gegründete Münchener Rennverein seine Pferderennen zuerst auf der Milbertshofener Heide austragen und schließlich, mit Unterstützung vom König Ludwig II., auf der Theresienwiese. Eine Tradition, die man 2010 zum Jubiläumsoktoberfest wieder aufleben ließ.

An großen Renntagen finden in Riem bis zu 20.000 Zuschauer Platz, wobei die alte Tribüne für ein besonderes Flair sorgt. Leider wurden Anfang der 1990er Jahre einige Jugendstilbauten, so auch eine herrliche Holztribüne, grundlos dem Modernisierungswahn geopfert, sodass der Rennbahnbesucher heute auf eine optisch eher schlichte Tribünenlandschaft blickt. Bis 2005 wurden auf dem riesigen Areal auch noch querfeldein Hindernisrennen gelaufen. Inzwischen befindet sich, der angespannten wirtschaftlichen Situation des Rennvereins geschuldet, im Innenraum der 1.860 Meter langen Rennbahn ein 9-Loch-Golfplatz.

Adresse Graf-Lehndorff-Str. 36, 81929 München (Riem), Tel. 089/9455230, www.galoppriem.de | **Anfahrt** S2, Haltestelle Riem; mit dem Auto A94 München–Passau, Ausfahrt Daglfing | **Öffnungszeiten** an rennfreien Tagen immer frei zugänglich, Renntermine im Internet | **Tipp** Unweit der Galopprennbahn befindet sich im Stadtteil Daglfing die traditionsreiche Münchner Trabrennbahn.

31 Der Garten des Alpinen Museums

Idylle auf der Praterinsel inmitten der Isar

Da sitzt er, der Wanderer, auf einer bewachsenen Steinbank. Kniebundhose, Hut, schwere Schuhe, neben sich den Rucksack, die Wanderkarte studierend. Der lebensgroße »Wanderer« von Michael Friedrichsen hockt schon seit Beginn der 1980er Jahre im Garten des Alpinen Museums des Deutschen Alpenvereins. Auf der Praterinsel. Und während die Aluminiumskulptur ungerührt immer weiter nach dem Weg zu suchen scheint, kann es sich der Besucher dieses leicht abschüssigen, lauschigen Gartens in einem der zahlreichen kostenlos zur Verfügung stehenden Liegestühle bequem machen. An diesem Ort mit einem Drink des Museumscafés ein Stündchen zu entspannen schlägt jede Kur – und das in München Downtown.

Das an der Südspitze der Praterinsel 1911 in den Räumen des ehemaligen Cafés Isarlust eröffnete Alpine Museum wurde, nach kriegsbedingter Schließung für rund ein halbes Jahrhundert, 1996 grundlegend renoviert und wieder aktiv. Es zeigt alles rund um die Geschichte des Alpinismus und verfügt über eine der größten Bibliotheken zum Thema Berge und Bergsteigen.

Die Praterinsel selbst, rund 500 Meter lang und 100 Meter breit und über verschiedene kleine Brücken und Stege zu erreichen, ist neben der Museumsinsel mit dem Deutschen Museum die zweite bebaute Insel in der Isar. 1810 hatte hier der umtriebige Wirt Anton Gruber die »Praterwirtschaft« eröffnet, einen an den Wiener Prater erinnernden Vergnügungspark mit Tanzpavillon und Karussell. Die Münchner liebten ihre »Praterinsel«. Als das Interesse nachließ, übernahm 1869 der Likörfabrikant Anton Riemerschmid die Insel und produzierte hier bis 1984 seine Spirituosen, unter anderem den legendären giftgrünen Kräuterlikör »Escorial«. Mitte der 1990er Jahre zogen Künstler in die klassizistischen Bauten ein. Heute wird die Praterinsel als Veranstaltungsort von einer Eventagentur genutzt.

Adresse Praterinsel 5, 80538 München (Lehel) | **Anfahrt** U4/5, Haltestelle Lehel; S1/2/4–8, Haltestelle Isartor; Tram 17, Haltestelle Mariannenplatz | **Öffnungszeiten** Der Garten ist immer geöffnet. Museum: Di–Fr 13–18 Uhr, Sa, So 11–18 Uhr | **Tipp** Unweit der Praterinsel befindet sich Deutschlands wahrscheinlich schönstes Jugendstilbad, das Müllersche Volksbad. Direkt dahinter schließt sich das Muffatwerk an. Die Muffathalle gehört heute zu Münchens populärsten Konzerthallen.

32 Das Georg-Elser-Denkmal
In der Türkenstraße bastelte der Hitlerattentäter seine Bombe

Am 8. November 1939 explodierte im Münchner Bürgerbräukeller eine Zeitbombe. Die Decke stürzte ein, sechs Menschen wurden getötet, über 60 verletzt. Die Bombe hätte Adolf Hitler töten sollen. Aber das Attentat misslang, weil der »Führer« nach seiner traditionellen Ansprache den Bürgerbräukeller zehn Minuten früher als gewöhnlich verließ. Der Attentäter: Johann Georg Elser, ein Kunsttischler aus dem Schwäbischen, ein Einzelgänger, der noch am selben Tag verhaftet, nie verurteilt und am 5. April 1945 im Konzentrationslager Dachau »auf Befehl von höchster Stelle« erschossen und verscharrt wurde.

Hier in der Türkenstraße 94 hatte sich Georg Elser vom 1. September bis zum 31. Oktober 1939 eingemietet und die Bombe für das Attentat auf Adolf Hitler gebaut und zusammengesetzt. Nachts hatte er sich im Bürgerbräukeller in der Rosenheimer Straße, da, wo sich heute das Kultur- und Bildungszentrum Gasteig befindet, einschließen lassen, die Säule hinter der Rednertribüne für die Bombe präpariert und sie schließlich in der Nacht vor Hitlers Auftritt dort eingebaut.

1997 wurde nach langen Diskussionen der kleine Platz an der Türkenstraße neben der Türkenschule zum »Georg-Elser-Platz« ernannt. Am 27. Oktober 2009 wurde nach neuerlich heftiger Debatte die bis heute umstrittene Fassadeninstallation aus Neonglas und Aluminium der Frankfurter Künstlerin Silke Wagner eingeweiht, die nun das offizielle Georg-Elser-Denkmal der Stadt München darstellt. Die an der Westfassade der Türkenschule angebrachte Installation leuchtet täglich jeweils für eine Minute von 21.20 bis 21.21 Uhr. Um 21.20 Uhr war die Bombe im Bürgerbräukeller explodiert.

Bereits 1989 wurde am Gasteig vor dem Eingang des GEMA-Gebäudes an der Stelle, an der die Säule im Bürgerbräukeller gestanden hatte, zum Gedenken an den Widerstandskämpfer Georg Elser eine Gedenktafel in den Boden eingelassen.

Adresse Georg-Elser-Platz an der Türkenstraße, 80799 München (Maxvorstadt) | **Anfahrt** U3/6, Haltestelle Giselastraße; Bus 137, Haltestelle Türkenstraße | **Tipp** In der Türkenstraße 89/91 sind der berühmte Kamera- und Objektiv-Hersteller Arnold & Richter und das renommierte Arri-Kino ansässig.

33 Der Gewürzladen des Herrn Schuhbeck

Am Platzl gibt's was für die Sinne

Wer mit dem Platzl ausschließlich das Hofbräuhaus verbindet, lebt im Gestern. Der kleine Platz im ältesten Teil Münchens verkörpert viel mehr als sein landläufig krachledernes, bierseliges und johlendes Image, er ist längst wieder eine der ersten und feinsten Adressen der Stadt. Maßgeblich dazu beigetragen hat Starkoch Alfons Schuhbeck. Er ist der neue Dominator am Platzl, er beherrscht zwischen Hofbräuhaus und alter Pfisterei nahezu das ganze Rund.

Schuhbeck überall. Das Sternerestaurant Südtiroler Stuben mit seinem riesigen Weinkeller, das Bistro-Café Orlando mit der Orlando Bar und dem Orlando Keller und der Möglichkeit, vor dem historischen Domizil des Tonmeisters Orlando di Lasso draußen seinen Cappuccino zu schlürfen. Und weiter geht's: Schuhbecks Eisladen, Schuhbecks üppiger Schokoladenladen, sein aromatischer Teeladen, Schuhbecks Weinladen mit speziellem Interieur. Alles gediegen, elegant, von ausgesuchter Qualität, in geschmackvollem Ambiente. Dazu gibt es eine Kochschule, Weinseminare, Events rund ums Lukullische. Allgegenwärtig liegen seine Kochbücher aus, und auf Monitoren laufen die diversen TV-Kochshows mit ihm in Weiß.

Aber die Allgegenwart des Meisters, sein hinter jeder Ecke, in jedem Schaufenster lauerndes Konterfei, kann einem Laden keinen Abbruch tun: dem schönsten aller Schuhbeck-Platzl-Dependancen, dem Gewürzladen. Wenn man den Laden betritt, tun sich Pfeffer-, Salz- und Currywelten auf, die man so nicht kennt. Alle Gewürze, aus den unterschiedlichsten Regionen der Welt, bis in die Nuancen abgestimmt, berauschen die Sinne. Schon der betörende Duft lässt einen nicht mehr los. Der Kunde kann in Dosen oder Gläsern kaufen, er kann sich aber auch die Mischungen selbst aus den Schütten in Portionstütchen abfüllen, ganz nach Bedarf. Schuhbecks Gewürzladen am Platzl ist einmalig.

Adresse Platzl 4a, 80331 München (Altstadt), Tel. 089/2421012313 | **Anfahrt** U3/6, Haltestelle Marienplatz | **Öffnungszeiten** Mo–Sa 10–19 Uhr | **Tipp** Vielleicht doch mal einen Blick ins nahe gelegene Hofbräuhaus werfen, wo man auch herrlich draußen sitzen kann.

34 Die Gipsfiguren
Unglaubliches im Haus der Kulturinstitute

Hier ist man nie allein. Wer das Haus der Kulturinstitute nahe dem Königsplatz betritt, glaubt, seinen Augen nicht zu trauen. Überall, im Lichthof, auf den Treppenabsätzen, den Wandelgängen, um die Säulen herum, in allen Etagen stehen, hocken, träumen griechische und römische Jünglinge, Männer und Frauen, vereinzelt und in Grüppchen, aus zwölf Jahrhunderten. Alle ganz in Weiß. 1.800 Gipsabgüsse griechischer und römischer Skulpturen aus den Epochen vom 7. Jahrhundert vor bis zum 5. Jahrhundert nach Christus beherbergt dieses wohl ungewöhnlichste Museum der Stadt und verbreitet, frei zugänglich, eine einzigartige Atmosphäre.

Das Museum für Abgüsse Klassischer Bildwerke wurde 1869 in Zusammenhang mit der Einrichtung des Lehrstuhls für Klassische Archäologie an der Ludwig-Maximilians-Universität als archäologische Lehr- und Studiensammlung gegründet. In den 1930er Jahren etablierte sich die Sammlung in den nördlichen Hofarkaden der Residenz; alle Abgüsse wurden 1944 bei einem Bombenangriff zerstört. Es dauerte mehr als drei Jahrzehnte, bis die systematische Wiederherstellung des Museums in Angriff genommen und die Sammlung im sogenannten Haus der Kulturinstitute, einem neoklassizistischen Bau der Nazizeit, untergebracht werden konnte. Seit rund zehn Jahren überrascht das Museum in seiner jetzigen Form. Die Abgüsse, deren Originale in den bedeutendsten Museen der Welt stehen, dienen den ebenfalls im Haus der Kulturinstitute untergebrachten Universitätsinstituten für Archäologie und Ägyptologie zu Forschungs- und Studienzwecken.

Seit 2005 beherbergt das Abguss-Museum ein 1889 in Paris hergestelltes farbiges Modell des Athener Parthenon-Tempels auf der Akropolis im Maßstab 1:20, eine Dauerleihgabe des New Yorker Metropolitan Museum of Art. Dieses über 4 Meter lange, 1,70 Meter breite und über 1 Meter hohe, 1,7 Tonnen wiegende Objekt gilt als eines der wertvollsten Architekturmodelle überhaupt.

Adresse Museum für Abgüsse Klassischer Bildwerke München, Katharina-von-Bora-Straße 10 (ehem. Meiserstraße 10), 80333 München (Maxvorstadt), Tel. 089/28927690 | **Anfahrt** U2, Haltestelle Königsplatz; Bus 100 (Museumslinie), Haltestelle Königsplatz; Tram 27, Haltestelle Karolinenplatz | **Öffnungszeiten** Mo–Sa 10–20 Uhr, Eintritt frei | **Tipp** Im Haus der Kulturinstitute befinden sich auch die Staatliche Graphische Sammlung mit 400.000 Exponaten und das Zentralinstitut für Kunstgeschichte mit einer Photothek mit 650.000 Fotos, die auch für die Öffentlichkeit zugänglich ist.

35 Die Großskulptur Mae West
Neues Wahrzeichen im Münchner Osten

Der verkehrsreiche Effnerplatz am Arabellapark gehörte schon immer zu den stiefmütterlichen Abschnitten der Stadt. Hier im Gewirr von Mittlerem Ring und Effnerstraße rauscht man vorbei oder steht im Stau, das Arabella-Hochhaus oder den silberglänzenden Hypo-Turm vor sich oder im Rückspiegel. Ein gesichtsloser Platz, nicht mehr als ein städtischer Verkehrsknotenpunkt.

Das hat sich Anfang 2011 geändert. Jetzt steht in der Platzmitte Monumentales, etwas Unübersehbares. Ein im wahrsten Sinne des Wortes riesiges Stück Kunst, anfänglich im Stadtrat und in der Münchner Bürgerschaft als umstrittene Kunst am Bau im Zuge des Tunnelbaus Mittlerer Ring Ost und der Neugestaltung des Effnerplatzes kontrovers diskutiert, dann aber zunehmend als Innovation adaptiert. Viele sahen in der Skulptur nicht mehr als ein gigantisches Baugerüst, andere eine hoffentlich zeitlich begrenzte Event-Installation. Doch das riesige Objekt steht und bleibt! Und es beginnt sich als Wahrzeichen dieses Teils von Bogenhausen zu etablieren, als ein neues Moment der Münchner Skyline.

Die 52 Meter hohe und rund 200 Tonnen schwere Skulptur der amerikanischen Bildhauerin Rita McBride, die 2002 den entsprechenden Wettbewerb gewann, besteht aus einer aufwendigen Kohlenstofffaser-Konstruktion. Der in sich gedrechselte Doppelkegel, den demnächst auch die Tram nach St. Emmeram durchfährt, besteht aus 32 Karbon-Rohren, teilweise stahlummantelt.

Die in sich verdrehten Träger und Rohre sind der impulsiven Drehbewegung einer Tänzerin nachempfunden, sollen an die Taille der 1980 verstorbenen Filmdiva, Drehbuchautorin und Tänzerin Mae West erinnern, des Sexsymbols aus dem Hollywood der 1920er Jahre. So will es die Künstlerin verstanden wissen, so kam der Name der Großskulptur zustande. Die ominöse Taille der Mai West am Effnerplatz misst acht Meter, bei einem Fußdurchmesser von 32 und einem Oberteil von 20 Metern.

Adresse Effnerplatz, 81679 München (Bogenhausen) | Anfahrt U4, Haltestelle Arabellapark oder Richard-Strauss-Straße; Tram 17/18, Haltestelle Effnerplatz | Tipp Es lohnt ein Blick auf den nahen Arabellapark mit dem Arabella-Hochhaus und dem Hypo-Tower.

36 Die Großvoliere im Tierpark Hellabrunn

Flattern und fliegen bis zum Himmel

Diese Leichtigkeit in der Architektur einer Großvoliere zeigt die Handschrift eines der ganz großen deutschen Architekten, Frei Otto. Er, der das Münchner Olympia-Zeltdach konstruierte, gewagte Zeltkonstruktionen für Bundesgartenschauen entwarf, schwebend leichte Pavillondächer kreierte, zeichnet sich auch für Europas größte Vogelvoliere verantwortlich. Die steht im Münchner Tierpark Hellabrunn und ist zum Wahrzeichen des 1911 nach Plänen von Emanuel von Seidl gegründeten ersten Geo-Zoos der Welt geworden. Hier leben die Tiere von Anbeginn an in großzügigen Naturanlagen, die ihrer geografischen Herkunft entsprechend angelegt wurden. Dafür eignete sich natürlich die unvergleichliche Lage entlang der Isarauen mit zahlreichen Brunnen und Bächen, vor allem dem Auer Mühlbach. Dieses Konzept unterscheidet den Tierpark Hellabrunn von den herkömmlichen Stadtparkzoos anderer deutscher Großstädte.

Die 1980 erbaute Großvoliere wird auf einer Fläche von 5.000 Quadratmetern von einem 18 Meter hohen, dünnmaschigen Netzgitter aus Edelstahl überspannt, getragen von mehreren bis zu 20 Meter hohen Stahlmasten. Durch die Hängung des Netzes entstehen weder Ecken noch tote Winkel, in die sich Vögel verfliegen können. Die Besucher erleben in dem begehbaren Vogelflug-Freigehege den scheinbar unbegrenzten Lebensraum der Vögel in freier Wildbahn, ohne Barrieren, Gitter oder Glasscheiben. Eine Voliere aus Luft. Nach oben scheint das Vogelparadies grenzenlos, da die Landschaft und der durch das filigrane, transparente und leichte Netztragwerk gebaute Raum nahtlos ineinander übergehen.

Ein weiterer architektonischer Wurf, allerdings aus der fernen Vergangenheit, ist das 1914 im byzantinischen Stil gebaute Elefantenhaus, das bereits damals beheizbar war und 2004 modernisiert wurde. Jüngster Bau ist die 2010 fertiggestellte Eisbärenanlage.

Adresse Tierparkstraße 30, 81543 München (Harlaching), Tel. 089/62508-0 | **Anfahrt** U3, Haltestelle Thalkirchen; Bus 52, Haltestelle Tierpark | **Öffnungszeiten** täglich April–Sept. 9–18 Uhr, Okt.–März 9–17 Uhr | **Tipp** Ein kleiner Ausflug über den historischen Flauchersteg in die nahen Isarauen und zum Biergarten »Zum Flaucher«, Isarauen 8, lohnt sich.

37 __ Der »Harmlos«
Wie ein griechischer Jüngling umbenannt wurde

Einfach »Harmlos«, wie er da steht, der makellos schöne Jüngling, nackt und zu einem Besuch in den Englischen Garten einladend. Vielleicht der frühe Vorbote all der »Nackerten« vom Schwabinger Bach, an dessen Ufern sich im Sommer die Jungen und Schönen sonnen.

Die Jünglingsstatue wurde 1803 im Auftrag des damaligen Kulturministers Theodor Graf Morawitzky vom Bildhauer Franz Jakob Schwanthaler (1760–1820) geschaffen. Als »Genius der Gärten« stand er am einstigen Eingang zum Englischen Garten, am Hofgartentor. Der Jüngling stellt in Lebensgröße den antiken griechischen Antinoos dar, der in der Renaissance und auch im 19. Jahrhundert besonders häufig kopiert wurde. So auch von Schwanthaler, dem von antiker Skulptur begeisterten Bildhauer, dessen Lehrer Roman Anton Boos in München zahlreiche Helden- und Götterstatuen baute und das Stadtbild des frühen Klassizismus maßgeblich mitprägte.

Und wie kam es zu dem von den Münchnern kreierten, fast spöttischen Namen »Harmlos«? Die linke Hand des Jünglings vom Englischen Garten ruht auf einer Tafel mit der Inschrift: »HARMLOS./ WANDELT. HIER./DANN. KEHRET./NEU. GESTAERKT./ZU. JEDER./ PFLICHT. ZURÜK.« Eine Einladung zum Verweilen, zum Flanieren, zum Müßiggang in einer der größten und schönsten Parkanlagen europäischer Metropolen. Mit imposanten Baumgruppen, riesigen Wiesen, schattigen Wegen, sprudelnden Bächen, versteckten Ruhezonen und einladenden Biergärten.

Der heutige Jüngling im Dreieck zwischen Hofgarten, Finanzgarten und Englischem Garten ist freilich nur eine Kopie der einst aus Tegernseer Marmor gefertigten Statue. Nachdem er wiederholt mit Graffitis versehen und beschädigt worden war, landete das Original 1983 kurzerhand im Museum der Residenz. Das freilich tut der Wirkung des Jünglings bis heute keinen Abbruch. Der »Harmlos« ist immer noch ein begehrter Treffpunkt für junge Liebespaare.

Adresse Ende der Galeriestraße, nördlich des Hofgartens, unweit des Prinz-Carl-Palais, 80539 München (Maxvorstadt) | **Anfahrt** U3/4/5/6, Haltestelle Odeonsplatz; Tram 27, Haltestelle Nationalmuseum; Bus 100 (Museumslinie), Haltestelle Königinstraße | **Tipp** Es lohnt sich, einen Blick aufs Prinz-Carl-Palais und in den Hofgarten zu werfen.

38 Die Herbergshäuser
Leben, wo einst die Armen wohnten

Haidhausen lag noch vor den Toren Münchens, als in den kleinen, heute schnuckelig daherkommenden Backsteinhäuschen die schiere Not herrschte. Tagelöhner, Wanderarbeiter und Handwerker hausten hier, die der Bauboom in die Stadt München zog und die mit ihren Familien teilweise am Rande des Existenzminimums lebten. Und dennoch symbolisieren die winzigen Häuser ein Wohnkonzept, das man heute getrost als Eigentümermodell bezeichnen kann.

Zum Ende des 18. Jahrhunderts wurde ein System etabliert, nach dem die winzigen Herbergshäuser in Haidhausen und dann auch in der Au von ihren Bewohnern anteilig erworben werden konnten, ohne dass sie selbst Grund und Boden besaßen. Man erwarb ein Zimmer, eine Wohnung oder auch ein ganzes Stockwerk. Teilweise umfasste das Eigentum an einer Herberge weniger als 20 Quadratmeter für eine ganze Familie. Winzige niedrige Zimmer, keine Kanalisation, keine Wasserleitungen. Aber es bestand Rechtssicherheit.

Diese Form des Kleinsteigentums für die Arbeiter, die durch das monumentale Bauprojekt Residenz im 17. Jahrhundert vor die Tore Münchens gelockt wurden, denen aber die Aufnahme in die Stadt verwehrt blieb, entstand in der Regel auf wertlosem Grund, auf Gelände also, das für die Landwirtschaft weitgehend unbrauchbar war. Insgesamt gab es rund 500 kleine Häuschen mit über 1.000 Herbergen.

Hunderte dieser vorindustriellen Kleinhäuser mussten schließlich im Zuge der Stadterweiterung Münchens den imposanten Gründerzeitbauten weichen. Haidhausen und die Au wurden zu begehrten Wohnquartieren. Seit den 1980er Jahren wurden die kleinen Häuser seitens der Stadt besonders an Handwerker und Künstler aus Haidhausen verkauft, zum Verkehrswert und mit der Auflage, die Häuser behutsam zu sanieren und ihren alten Charakter zu wahren. Auf diese Weise wurde mit Erfolg verhindert, dass die verbliebenen Herbergshäuser zu luxussanierten Spekulationsobjekten wurden.

Adresse Preysingstraße/Ecke Wolfgangstraße, zwischen den Nummern 56 und 70, 81668 München (Haidhausen) | **Anfahrt** U4/5, Haltestelle Max-Weber-Platz; Tram 18, Haltestelle Wiener Platz; S1–4/6–8, Haltestelle Rosenheimer Platz, Ausgang Gasteig | **Tipp** Im Üblacker Häusl (Preysingstraße 58) gibt es ein kleines Museum, das die Geschichte der Herbergshäuser zeigt. Der Kriechbaumhof (Preysingstraße 71) ist ein 300 Jahre alter Holzbau und das letzte Gebäude dieser Art von Herberge (heute: Haus des Deutschen Alpenvereins). Öffnungszeiten Üblacker Häusl: Mi, Do 17–19 Uhr, Fr, So 10–19 Uhr. Kriechbaumhof: Di–Do 10–17 Uhr, Fr–Mo geschlossen

39 Die Herz-Jesu-Kirche
Es muss nicht immer neoklassizistisch sein

Aller Zauber historischer Sakralbauten hin oder her: Das ungewöhnlichste Gotteshaus Münchens steht mit der katholischen Herz-Jesu-Kirche in Neuhausen. Ein architektonisches Juwel. Was den Architekten hier gelungen ist, gehört zum Besten der Zunft und verlangt förmlich nach einem Besuch. Vorzugsweise an einem der hohen Kirchentage, denn da entfaltet oder besser zeigt dieser phantasievolle Wurf seine ganze Pracht. Denn dann öffnet sich die komplette Eingangsfassade, allein das kommt – verziehen sei die Übertreibung – dem Schauspiel der Öffnung der Londoner Tower Bridge nah.

Die beiden hölzernen Vorgängerbauten der Herz-Jesu-Kirche waren in Flammen aufgegangen und abgebrannt, der letzte Ende 1994. Ein Wink des Herrn für Neues. Sechs Jahre nach dem Brand wurde die neue Kirche geweiht.

Die äußere Erscheinung des Baus – so sehen es die Architekten – gleicht einem überdimensionalen Kristall, die Fassaden ändern sich je nach Lichteinfall von transparent bis blau, auf den Portalen lässt sich je nach Sonnenstand die schwache Silhouette eines monumentalen Kreuzes erkennen. Der Kirchenraum selbst besteht aus drei ineinandergestellten Hüllen. In der äußeren stets changierenden Glashülle befindet sich eine Holzhülle aus 2.000 vertikal installierten Holzlamellen, durch deren Stellung das Licht in unterschiedlicher Intensität zum Altar gelenkt wird. Der Raum zwischen den beiden Schachteln symbolisiert die Seitenschiffe klassischer Kathedralen. Die innerste Hülle aus Beton umfasst die Orgel und die Orchesterempore. Die Raumakustik gilt im Übrigen als ausgezeichnet.

Herausragend sind die 14 Meter hohen blauen Glasflügel des Portals, die sich hydraulisch zu den Seiten hin öffnen lassen, eine optische Offenbarung an hohen katholischen Feiertagen, und die auf die quadratischen Glasfenster der Portale aufgetragenen weißen Kreuznägel, die in einem bestimmten Code die Johannespassion zitieren.

Adresse Lachnerstraße 8, 80639 München (Neuhausen) | **Anfahrt** U1 und Tram 12, Haltestelle Rotkreuzplatz | **Öffnungszeiten** täglich 8–18 Uhr | **Tipp** Immer wieder gibt es kostenlose Konzerte, teilweise bester zeitgenössischer Musik, auf der 2004 fertiggestellten Orgel des Marburger Orgelbauers Gerald Woehl. Informationen unter www.herzjesu-muenchen.de.

40 Das Hofgartenbrunnwerk
Frisches Wasser aus alten Rohren

Mehrmals stand die Existenz des Hofgartenbrunnwerks auf der Kippe. Einmal, als 1968 durch den Bau des Altstadtrings der Kanal für das Ablaufwasser zum Schwabinger Bach unterbrochen wurde und die Stadtplaner der alten Brunnentechnik am liebsten den Garaus gemacht hätten. Der Betrieb wurde eingestellt. Und dann, als mit dem umstrittenen Neubau der neuen Bayerischen Staatskanzlei 1993 auch die alten Renaissancearkaden und damit auch der tiefer gelegene Brunnbetrieb vollständig verschwinden sollten. Eine Bürgerinitiative »Rettet den Hofgarten« konnte das verhindern. So wurden die Arkaden in den Neubau der Staatskanzlei teilweise einbezogen. Sie reichen restauriert und in ihren Resten gestützt, unter einer Glasüberdachung zu begehen, im rechten Winkel bis an die äußerste Ecke der Staatskanzlei heran, die in ihrer aufdringlichen Architektur mittig die Ruine des alten Armeemuseums mit der 1982 sanierten Kuppel eingeschlossen hat.

Und damit gibt es auch noch das Brunnwerk am Nordrand des Hofgartens, eingebettet in die Grundmauern der alten, bereits 1562 durch Herzog Albrecht IV. angelegten offenen Arkaden. Nach über 25-jähriger Unterbrechung wurde das historische Hofgartenbrunnwerk Anfang der 1990er Jahre durch den Bau des Hofbrunnwerkkanals und die Wiederbelebung der Stadtbäche neuerlich instand gesetzt und in Betrieb genommen. Ein echtes Kleinod Münchner Architektur- und Technikgeschichte, eines, das bis heute funktioniert und in den Sommermonaten in Betrieb ist. Uralte Technik hochmodern. Mit den Girard-Turbinen anstelle der bis dahin arbeitenden Wasserräder von 1885 und dem entsprechenden Wasserdruck pumpt die Brunnanlage auch heute noch das Grundwasser des Hofgartens durch unterirdisch verlegte Wasserrohre in die Springbrunnen und Wasserspiele der Parkanlage. Bis 1904 hatte das Hofbrunnwerk die gesamte Residenz und Teile der Stadtbevölkerung sogar mit qualitativ hochwertigem Trinkwasser versorgt.

Adresse Franz-Josef-Strauß-Ring 1, 80539 München (Altstadt) | **Anfahrt** U4/5, Haltestelle Odeonsplatz; Bus 100 (Museumslinie), Haltestelle Königinstraße | **Öffnungszeiten** April–Okt. täglich 10–14 Uhr | **Tipp** Unmittelbar vor der Bayerischen Staatskanzlei zum Hofgarten hin befindet sich das 1924 eingeweihte Kriegerdenkmal. Der schwarze Basaltkubus nahe dem Prinz-Carl-Palais erinnert mit handschriftlich eingravierten Dokumenten an den Widerstand im Zweiten Weltkrieg.

41 Die Holzbrücke über der Isar
Der Steg von der hinteren Hirschau zur St. Emmeramsmühle

Alles in allem soll München rund 1.000 Brücken haben, drei Dutzend sind bekannt. Von diesen fristet eine aber ein Schattendasein, wenngleich sie eine der spektakulärsten Konstruktionen aller Isarbrücken ist. Und dazu noch aus Holz. Die Fußgängerbrücke bei St. Emmeram in Oberföhring.

Ungefähr da, wo einst die legendäre Föhringer Brücke gestanden haben soll, die Heinrich der Löwe 1158 zerstören ließ, um den Salzhandelsweg von Reichenhall nach Augsburg umzuleiten, wurde 1978 nach einem Entwurf des Münchner Baureferats eine Brücke aus Holzfachwerk mit einem Schindeldach errichtet. Entsprechend sollte die Holzkonstruktion mit einer Länge von 96 und einer Breite von vier Metern auch als Brückenschlag in die Geschichte verstanden werden, da die Tat Heinrichs des Löwen zur Gründung der Stadt München führte. Die Brücke wurde ein wichtiges Verbindungsglied zwischen dem nördlichen Teil des Englischen Gartens, der Hirschau, und der Isarinsel Oberföhring und St. Emmeram auf der östlichen Seite der Isar.

Im September 2002 ging die Holzbrücke aufgrund von Brandstiftung in Flammen auf und brannte vollkommen ab. 2004 wurde sie wieder aufgebaut, diesmal in einer leichteren Fachwerkbauweise mit Überdach, aber ohne das zuvor erhobene Schindeldach. Insider sagen, dass man von ihrem Scheitelpunkt aus bei optimaler Wetterlage einen Blick bis zur Zugspitze hat.

Die Holzbrücke überspannt die Isar hinter dem mächtigen Stauwehr Oberföhring, das in den Jahren 1920 bis 1924 durch die damalige Mittlere Isar AG errichtet wurde. Vier riesige Schützenwehre heben hier den Wasserspiegel der Isar um knapp viereinhalb Meter. Das Stauwehr Oberföhring ist der Ausgangspunkt eines 54 Kilometer langen Wasserkanals bis Moosburg, der in vier Stauwerken mit einem Gesamtgefälle von 88 Metern der Elektrizitätserzeugung dient. Das Stauwehr hat eine Brücke für Radfahrer und Fußgänger.

Adresse hinterer Teil des nördlichen Englischen Gartens zur Isar hin (München-Freimann) | **Anfahrt** Entweder Spaziergang durch den Englischen Garten, am besten von Freimann über den Aumeister (früher Forsthaus, heute Gastronomie mit großem Biergarten) kommend, oder zu Fuß oder per Rad von der St. Emmeramsmühle aus, die auch von der Oberföhringer Straße/Münchner Straße in Oberföhring aus zu erreichen ist. | **Tipp** Die seit 1855 betriebene Bierwirtschaft St. Emmeramsmühle verfügt über einen der schönsten Biergärten Münchens und ist ein gutes bayerisches Speiselokal. Öffnungszeiten täglich 11–1 Uhr, So, feiertags ab 10 Uhr.

42 Der Hubertusbrunnen
Ursprünglich stand das Brunnenhaus woanders

Der mächtige Hubertusbrunnen steht am oberen Ende des Nymphenburger Kanals, da, wo die hochherrschaftliche nördliche und südliche Auffahrtsstraße zum Schloss beginnt, an so prominenter Stelle, dass man nie auf die Idee kommen würde, er gehöre hier nicht vom ersten Tag an hin. Allemal, weil man von hier aus einen der besten Blicke aufs Nymphenburger Schloss und die riesige Fontäne hat. Aber das Brunnenhaus, das heute eigentlich, von der Stadt aus gesehen, die Ouvertüre des gesamten Nymphenburger Ensembles darstellt, steht hier erst seit 1954. Und an dieser Stelle endet der über fünf Kilometer lange, als Abzweig der Würm in Pasing gestartete Nymphenburger Kanal, der im Schlosspark die Seen, Kaskaden und Springbrunnen über ein Pumpwerk mit Wasser versorgt.

Ursprüngliche Adresse des zwischen 1904 und 1907 errichteten Brunnentempels war nämlich das Bayerische Nationalmuseum an der Prinzregentenstraße. 1937 hatten ihn die Nazis aus stadtplanerischen Gründen von dort entfernen und einlagern lassen. Nach dem Krieg wurde er am Nymphenburger Kanal wiederbelebt.

Gebaut wurden der Brunnen und das Brunnenhaus nach Entwürfen des Bildhauers Adolf von Hildebrand. Ursprünglich war der Brunnen ein Geschenk der Stadt München an den leidenschaftlichen Jäger Prinzregent Luitpold zu dessen 85. Geburtstag. Der Hubertusbrunnentempel war Teil der Platz- und Terrassenanlage mit dem Reiterstandbild des Prinzregenten Luitpold vor dem gerade erbauten Bayerischen Nationalmuseum. Im Inneren des tempelähnlichen Brunnenhauses befindet sich der eigentliche Brunnen mit dem Säulengang. Im Zentrum der Anlage thront auf einem ins Wasser eingelassenen Sockel ein prächtiger Hirsch. Der heilige Hubertus selbst steht auf dem Dach des Brunnens. Adolf von Hildebrand hat mit dem monumentalen Wittelsbacherbrunnen am Lenbachplatz eine zweite herausragende Brunnenanlage Münchens gebaut.

Adresse Waisenhausstraße, 80637 München (Nymphenburg) | **Anfahrt** U1, Haltestelle Rotkreuzplatz oder Gern; Tram 12, Haltestelle Neuhausen oder Renatastraße; Tram 17, Haltestelle Schloss Nymphenburg | **Tipp** Sehenswert ist das Nymphenburger Schloss mit der Porzellansammlung, dem Museum für Natur und Mensch und dem Marstallmuseum.

43 — Die Hundskugel

Hier residierte Münchens ältestes Gasthaus

Heinrich Heine, der von 1827 bis 1828 schräg gegenüber im Radspielerhaus wohnte, kehrte mit Vorliebe in der Hundskugel ein. Die Hofbildhauer Johann Baptist Straub, Ignaz Günther, Roman Anton Boos und der Architekt Johann Michael Fischer waren hier vor über 250 Jahren regelmäßig zu Gast. Straub und Boos mussten nur nach nebenan. Beide wohnten in der Hackenstraße 10, diesem 1741 erbauten Altmünchner Bürgerhaus mit dem Hauszeichen der Hundskugel, wodurch das Gebäude auch heute noch »Haus der Hundskugel« genannt wird. Das Motiv: sechs mit einer Kugel spielende Hunde. Das hat freilich nichts mit der ehemaligen Gaststätte nebenan zu tun, aber die Hunde könnten bei der Namensgebung im Spiel gewesen sein – oder umgekehrt. Woher der Name »Hundskugel« letztendlich stammt, ist nicht geklärt.

Anfang des letzten Jahrhunderts war das Gasthaus Hundskugel ein Treffpunkt der Münchner Kulturszene. Der in München geborene Schriftsteller Lion Feuchtwanger hatte dem Lokal in seinem Roman »Erfolg« sogar ein Denkmal gesetzt.

Seit 1440 gab es die Gastwirtschaft Hundskugel in der Hotterstraße, drei Schritte entfernt von der Hackenstraße. Sie war damit nachgewiesenermaßen die älteste Gaststätte Münchens. Das um 1640 zu einem Eckhaus mit Halbgiebel und Pultdach umgebaute Gebäude besitzt heute noch zur Hackenstraße hin die alte Aufzugsvorrichtung zu den Lagerböden im Speicher. Ursprünglich muss es sich bei diesem Anwesen um zwei Häuser gehandelt haben, die bereits vor 1500 zu einem Komplex vereint wurden.

In den 1980er Jahren ging die Hundskugel von der Löwenbrauerei, die seit 1925 das Regiment führte, in den Besitz des Modemachers Rudolph Mooshammer über, der 2005 ermordet wurde. Dann gehörte das Lokal seinen Erben, die es schließlich dem ehemaligen Medienmanager Jürgen Todenhöfer verkauften. Nach aufwendigem Umbau beherbergt die frühere Hundskugel seit 2012 Todenhöfers Stiftung „Sternenstaub".

Adresse Hotterstraße 18, 80331 München (Altstadt), Tel. 089/264272 | **Anfahrt** U3/6, Haltestelle Marienplatz oder Sendlinger Tor | **Öffnungszeiten** täglich 10.30–24 Uhr | **Tipp** Sehenswert ist das Alte Hackerhaus, Sendlinger Straße 14, und in der Damenstiftsstraße das Rokoko-Palais Lerchenfeld und die Kirche des Damenstifts St. Anna. Beide Bauten stammen von Johann Baptist Gunezrainer (1732).

44 Der Israelitische Friedhof
Versteckt und verwunschen

Nach jüdischer Tradition sind Begräbnisstätten Orte ewigen Ruherechts für die Verstorbenen. So wurde nach der Gründung der Israelitischen Kultusgemeinde München 1815 der Alte Israelitische Friedhof an der Thalkirchner Straße eingeweiht, heute ein Stück unvergleichlicher jüdischer Geschichte in München. Aber bereits 1908 wurde dieser versteckte Friedhof geschlossen und durch den Neuen Israelitischen Friedhof in der Garchinger Straße ersetzt. Der Alte Friedhof mit seinen rund 6.000 Gräbern ist meist geschlossen, auch um antisemitischen und rechtsextremen Übergriffen, wie es sie in der Vergangenheit häufiger gegeben hat, vorzubeugen. Aber man kann ihn besichtigen, begehen. Die Israelitische Kultusgemeinde und auch die Münchner Volkshochschule bieten Führungen an. Seit 1966 ist Johanna Angermeier als Friedhofsverwalterin im Dienste der Israelitischen Kultusgemeinde tätig. Ansonsten kann man nur von außen durch das eiserne Tor einen Blick auf einige imposante Grabdenkmäler werfen.

Anders der Neue Israelitische Friedhof, der im Münchner Norden unweit der Alten Heide, ganz versteckt am Ende der Garchinger Straße, hinter Mauern und von der Öffentlichkeit weitgehend unbeachtet, zu einem Besuch einlädt. Vom Architekten Hans Grässel (1860–1939) erbaut, spiegelt dieser den Besucher anrührende Friedhof die teilweise dramatische Geschichte der Münchner Juden wider. In den ersten Jahrzehnten des letzten Jahrhunderts wuchs die Zahl der jüdischen Gemeinde auf 12.000 Mitglieder an. Darunter waren Persönlichkeiten wie Lion Feuchtwanger, Max Reinhardt, Otto Bernheimer und Kurt Eisner, die dem kulturellen Leben der Stadt maßgebliche Impulse gaben. Bei Kriegsende lebten weniger als 100 Juden in München. Heute hat sich jüdisches Leben in München längst wieder etabliert und mit der neuen Hauptsynagoge und dem Jüdischen Zentrum am Jakobsplatz eine eindrucksvolle Wirkungsstätte gefunden.

Adresse Alter Israelitischer Friedhof: Thalkirchner Straße 240, 81371 München (Sendling), Tel. 089/7233964. Neuer Israelitischer Friedhof: Garchinger Straße 37, 80805 München (Freimann), Tel. 089/3228246 | **Anfahrt** Alter Israelitischer Friedhof: U3, Haltestelle Brudermühlstraße. Neuer Israelitischer Friedhof: U6, Haltestelle Alte Heide | **Öffnungszeiten** Alter Israelitischer Friedhof: Kontakt 089/7233964. Neuer Israelitischer Friedhof: täglich geöffnet mit Ausnahme von Sabbat und jüdischen Feiertagen April–Okt. 8–17 Uhr, März–Nov. 8–16 Uhr | **Tipp** Ein Besuch der Neuen Synagoge und des Jüdischen Museums am Jakobsplatz bietet sich an.

45 Das Japanische Teehaus
Deutsch-japanische Freundschaft zu Olympia 1972

Zweimal Asien im Englischen Garten – zwei Extreme. Der Chinesische Turm mit all seiner Exzentrik, seinem Getöse, seinem prallen Leben mitten im Garten und dann, nur wenige Meter hinter dem Haus der Kunst im südlichsten Teil des Englischen Gartens auf einer kleinen Insel im Schwabinger Bach: das Japanische Teehaus und der kleine japanische Garten. Ein Ort der Stille, der Meditation und Besinnung. Das Eintauchen in eine andere Kultur. Die wenigsten Münchner kennen es wirklich.

Das Teehaus »KanShoAn« war ein Geschenk der japanischen Stadt Sapporo und der japanischen Urasenke Foundation (zur Schulung des japanischen Tee-Weges) zum Zeichen des Friedens und der Völkerverständigung anlässlich der Olympischen Sommerspiele 1972. Zwischen Sapporo, damals Austragungsort der Winterspiele, und München entstand gleichzeitig eine Städtepartnerschaft. Errichtet wurde dieses authentische Bauwerk japanischer Kunst vom japanischen Architekten Mitsuo Nomara. Innen besteht das Teehaus aus einem kleinen Warteraum und dem eigentlichen Teeraum, der mit Matten ausgelegt ist, Schiebetüren hat und mit Schriftrollen an den Wänden versehen ist.

Regelmäßig finden im Teehaus die traditionellen japanischen Teezeremonien statt, in denen ein japanischer Teemeister nach der Kunst des Cha-Do, des Tee-Weges, hoch konzentriert Tee zubereitet und in die Kultur des Teetrinkens einführt. Wird eine Schale Tee, so die Philosophie, im Einklang mit den Regeln der Teezeremonie angeboten, verbinden sich alle positiven Aspekte von Religion, Moral, Ästhetik, Disziplin und sozialen Beziehungen zu einer »einzigartigen kulturellen Synthese in hoher Vollendung«.

Einmal im Jahr, am dritten Sonntag im Juli, findet das »Japanfest«, veranstaltet von der Deutsch-Japanischen Gesellschaft Bayern und dem japanischen Generalkonsul in München, statt. Eingeladen dazu ist die gesamte Münchner Bevölkerung.

Adresse Königinstraße 4, 80539 München (Lehel), Tel. 089/224319 | **Anfahrt** Bus 100 (Museumslinie), Haltestelle Königinstraße | **Öffnungszeiten** Japanische Teezeremonie von April bis Oktober an jedem zweiten Wochenende im Monat, Sa, So jeweils um 14, 15, 16, 17 Uhr | **Tipp** Vom Japanischen Teehaus ist es nur ein Sprung zum Nationalmuseum in der Prinzregentenstraße.

46 Die Jugendbibliothek
Internationales in der mittelalterlichen Blutenburg

Viele Münchner fahren, die Verdistraße kommend, zur Autobahn A8 nach Stuttgart immer am Schloss Blutenburg vorbei. Fragt man nach, wer die Mauern rund ums spätgotische Schloss schon mal erklommen oder das Tor der vom Wasser der Würm umspülten Festung passiert hat, erntet man meist entschuldigendes Achselzucken. Dabei schlummert in diesem um 1440 von Herzog Albrecht III. für seine Geliebte Agnes Bernauer angelegten Wasser- und Jagdschloss, das schließlich von verschiedenen Wittelsbacher Herzögen bis 1663 überwiegend sommertags bewohnt wurde (danach vergnügte man sich in Nymphenburg), ein ganz besonderer Schatz: die Internationale Jugendbibliothek.

1983 zog die Internationale Jugendbibliothek, die bereits 1949 von der mit der US-Armee nach Deutschland zurückgekehrten Jüdin Jella Lepman (1891–1970) gegründet worden war, nach Schloss Blutenburg. Anspruch der Bibliothek ist es, Kinder- und Jugendliteratur der ganzen Welt zu sammeln, um sie einem internationalen Publikum zugänglich zu machen. Mit einem Bücherbestand von über 500.000 Titeln in mehr als 130 Sprachen ist die Internationale Jugendbibliothek die größte Bibliothek für Kinder- und Jugendliteratur weltweit und bereits seit 1953 unter dem Dach der UNESCO angesiedelt. Allein der allgemein zugängliche Studiensaal in der Schlossmauer wartet in seiner Präsenzbibliothek mit 30.000 Bänden Sekundärliteratur und 130 aktuellen Fachzeitschriften auf.

Hinter den Schlossmauern gibt es weitere Überraschungen: Das Michael-Ende-Museum zeigt einen Teil des Nachlasses des 1995 gestorbenen Schöpfers von Jim Knopf und Momo. Im alten Pförtnerhäuschen, dem Erich-Kästner-Zimmer, warten Pünktchen, Anton, Emil und die Detektive sowie die Erich-Kästner-Gesellschaft. Im James-Krüss-Turm, dem alten Pulverturm, gibt's den schriftstellerischen Nachlass des Autors von Timm Thaler. Das Binette-Schroeder-Kabinett gibt einen Einblick in das Werk der Kinderbuchillustratorin.

Adresse Schloss Blutenburg, 81247 München (Obermenzig), Tel. 089/891211-0 | **Anfahrt** S3/4/6/8 nach Pasing, von dort Metro-Bus 56, Bus 143/160, Haltestelle Schloss Blutenburg | **Öffnungszeiten** Kinderbibliothek Mo–Fr 14–18 Uhr, Studiensaal Mo–Fr 10–16 Uhr, Michael-Ende-Museum Mi–So 14–17 Uhr, James-Krüss-Turm Mo–Do 10–16 Uhr, Fr 10–14.30 Uhr | **Tipp** Man sollte sich unbedingt die spätgotische Schlosskapelle mit der Blutenburger Madonna ansehen. Auch das an den Todesmarsch der Häftlinge aus dem Konzentrationslager Dachau mahnende Denkmal nahe der Burg sollte man nicht auslassen.

47 Das Jüngste Gericht
Das zweitgrößte Fresko der Welt

Die Kirchenfront der von Friedrich von Gärtner (1791–1847) erbauten Ludwigskirche ist in die Architektur der Ludwigstraße zwischen Feldherrnhalle und Siegestor eng eingebunden und gehört damit zum Gesamtkomplex dieser Münchner Prachtstraße. Mehr noch, sie ist ihr zentraler Mittelpunkt und wirkt mit ihren beiden hoch aufragenden Türmen und den Arkadengängen, besonders wenn man sich ihr aus der Schellingstraße nähert. Betritt man die Kirche, wird erst klar, wie groß diese in die Fassade der Ludwigstraße geklemmte, zwischen 1829 und 1844 errichtete Pfarr- und Universitätskirche im Inneren wirklich ist.

Ludwig I. hatte trotz leerer Staatskassen diese Kirche initiiert, da er an seiner seit 1817 entstehenden Ludwigstraße unbedingt ein sakrales Gebäude haben wollte. 1829 wurde der Grundstein gelegt, aber es sollten 15 Jahre vergehen, bis die Kirche eingeweiht werden konnte. Bereits 1819 hatte Ludwig I. den Düsseldorfer Maler Peter von Cornelius (1783–1867) an die Akademie der Bildenden Künste berufen, deren Leitung er 1825 übernahm. Mit ihm kamen einige seiner Schüler nach München, unter anderen Hermann Anschütz und Wilhelm Kaulbach. Cornelius und seine Mitstreiter bewegten viel in München, zum Beispiel gestalteten sie die Glyptothek neu. 1828 kam dann der Auftrag für den Entwurf und die Ausführung des umfangreichen Freskenschmucks der Ludwigskirche.

Von besonderer Bedeutung und einzigartig in dem dreischiffigen Bau ist das über 200 Quadratmeter (18,3 mal 11,3 Meter) große Altarfresko »Das Jüngste Gericht«, an dem Cornelius von 1836 bis 1840 gearbeitet hat. Nach Michelangelos »Jüngstem Gericht« in der Sixtinischen Kapelle in Rom ist es das weltweit zweitgrößte Wandfresko überhaupt und das bedeutendste Werk von Cornelius. Dennoch war Ludwig I. mit dem Ergebnis nicht zufrieden. 1841 kam es zwischen König und Künstler zum Zerwürfnis. Cornelius verließ München und ging nach Berlin.

Adresse Ludwigstraße 22, 80539 München (Maxvorstadt) | **Anfahrt** U3/6, Haltestelle Universität | **Öffnungszeiten** täglich 9–20 Uhr. Jeden Sonntag, 16 Uhr, finden Kirchenführungen statt. | **Tipp** Im nördlichen Seitenschiff findet sich die Gedenkplatte für den bedeutenden katholischen Religionsphilosophen Romano Guardini (1885–1968), der fast eineinhalb Jahrzehnte in der Ludwigskirche predigte und Mitbegründer der Katholischen Akademie in Bayern war.

48 — Das Karussell am Chinaturm
Ein Hauch von Oktoberfest unter schattigen Kastanien

Unterhalb des Chinesischen Turms, einem der Wahrzeichen des Englischen Gartens mit seinem 7.000 Besucher fassenden Biergarten und seinem stets bunt gemischten Publikum aus Einheimischen und Gästen, schlummert ein Kleinod besonderer Güte: das 1913 erbaute Holzkarussell, das bei schönem Wetter geöffnet ist und ein munteres Eigenleben entwickelt. In zwei Kreisen drehen sich Pferde und Wagen, Kutschen und Schlitten und rund 20 holzgeschnitzte Tiere – Hirsch und Steinbock, Kamel und Giraffe, Storch und Flamingo – zu der Musik einer Walzenorgel.

Das Kinderkarussell im Stil der Biedermeierzeit wurde von dem Schwabinger Bildhauer Josef Erlacher und dem Dekorationsmaler August Julier erdacht, ganz aus Holz gefertigt und originell bemalt. Seit 1977 gehört das Karussell der Bayerischen Schlösser- und Seenverwaltung. Rund um das Karussell gibt es einen riesigen Spielplatz, ideal für Eltern mit Kindern, die unter den schattigen Kastanien rund um den Chinesischen Turm gerne eine Maß Bier zu sich nehmen wollen.

Der eindrucksvolle fünfstöckige Holzturm im chinesischen Pagodenstil wurde 1789/90 von dem aus Mannheim stammenden Militärarchitekten Joseph Frey (1759–1819) entworfen, vermutlich auf Initiative des Grafen Rumford, der sich häufig in England aufgehalten hatte und begeistert war von den entsprechenden Vorbildern des englischen Gartenarchitekten William Chambers, so auch von der Pagode in den Königlichen Botanischen Gärten in London. Ohnehin war zu dieser Zeit alles Chinesische in Europa groß in Mode. So stand an der Stelle, wo 1912 die Gaststätte am Chinesischen Turm errichtet wurde, zuvor eine ebenfalls aus Holzpavillons bestehende Chinesische Wirtschaft. Nachdem der Chinesische Turm im Zweiten Weltkrieg 1944 vollständig abgebrannt war, wurde er 1952 originalgetreu wiederaufgebaut, in den 1980er Jahren noch einmal grundlegend restauriert und mit den typischen goldenen Glocken versehen.

Adresse Englischer Garten 3, 80538 München (Schwabing), Tel. 0157/73344111 | **Anfahrt** U3/6, Haltestelle Universität, über die Veterinärstraße, oder U3/6, Haltestelle Giselastraße, über Martius- und Thiemestraße, 15 Minuten durch den Englischen Garten; Bus 54/154, Haltestelle Chinesischer Turm; Tram 17, Haltestelle Tivolistraße | **Öffnungszeiten** Chinesischer Turm täglich 10–23 Uhr, mitunter schon ab Februar | **Tipp** Am Wochenende und am Mittwoch spielt nachmittags die Blasmusik im ersten Stock des Turms. Wer es mag, kann vom Chinesischen Turm aus zur Kutschfahrt durch den Englischen Garten starten.

49 Der Klagebalken auf dem Oberwiesenfeld

Gedenken an die Toten des Olympia-Attentats

Olympische Spiele 1972 in München. Am frühen Morgen des 5. September überfielen arabische Terroristen der Gruppe »Schwarzer September« das Quartier der israelischen Olympiamannschaft. Sie töteten zwei Sportler, nahmen neun weitere als Geiseln und verlangten die Freilassung arabischer Häftlinge aus israelischen Gefängnissen. Ein dramatischer Nervenkrieg begann, der in den Nachtstunden nach einer missglückten Befreiungsaktion im Blutbad von Fürstenfeldbruck endete. Alle neun Geiseln wurden getötet, fünf Araber starben, drei wurden festgenommen. Die Welt war schockiert. Die »heiteren« Spiele von München, die so weltoffen begonnen hatten und die junge Bundesrepublik in einem neuen Licht zeigten, schienen am Ende. Doch nach eintägiger Unterbrechung und einer weltweit übertragenen Trauerfeier hieß es: »The games must go on!« Die Olympischen Spiele wurden fortgesetzt.

Wenn man vom Olympiastadion kommt und den Mittleren Ring in Richtung Olympisches Dorf überquert, stößt man unmittelbar unterhalb des mächtigen Betonschlosses und des armdicken Seils, das die Verspannung des Olympischen Zeltdachs hält, auf den sogenannten Klagebalken. »Grenzstein des Lebens, nicht der Idee« steht auf der davor in den Boden eingelassenen Metallplatte. Auf diesem an das Olympiaattentat erinnernden »Grenzstein« sind die Namen aller getöteten Sportler in hebräischer Schrift eingelassen und der Name des ebenfalls zu Tode gekommenen deutschen Polizisten.

Im Olympischen Dorf selbst, in der Connollystraße 31, in dem heute ein Gästehaus der Max-Planck-Gesellschaft untergebracht ist, findet sich eine weitere Gedenktafel zur Erinnerung an das Olympiaattentat. Hier, in diesem weißen Haus mit blauer Tür – so sah es auch 1972 aus –, wohnte die israelische Olympiamannschaft. Viele kleine Steine auf der Tafel erinnern an die Opfer.

Adresse zwischen Olympischem Dorf und Olympiastadion sowie in der Connollystraße 31, 80809 München (Milbertshofen) | **Anfahrt** U3/6, Haltestelle Olympiazentrum | **Öffnungszeiten** immer zugänglich | **Tipp** Eine Besichtigung des Olympiageländes mit Olympiastadion, Olympiahalle und Olympia-Schwimmhalle bietet sich an. Prägendes Element ist das 75.000 Quadratmeter große Zeltdach.

50 — Die Klosterkirche St. Anna
Münchens und Altbayerns erste Rokoko-Kirche

Es lässt sich eigentlich gar nicht so genau sagen, was einen eher in diese Ecke der Stadt ziehen sollte: der gemütliche St.-Anna-Platz mit seinen kleinen Restaurants und Cafés und den vielen Möglichkeiten, draußen zu sitzen, oder die namensgebende Klosterkirche. Die aber ist von ungewöhnlichem Charme.

Die 1737 geweihte Kirche gilt als frühes Meisterwerk süddeutschen Rokokos. Sie steht zwar ein wenig im Schatten der den Platz beherrschenden, von Gabriel von Seidl gebauten neoromanischen Pfarrkirche St. Anna, lässt einen aber, hat man sie entdeckt, so schnell nicht wieder los.

Die von Johann Michael Fischer konzipierte Kirche hatte schwere Zeiten durchgemacht. 1802 wurde sie im Zuge der Säkularisation demontiert, die Bruderschaft der Hieronymiten vertrieben, das Kloster aufgelöst. St. Anna wurde neben St. Peter und der Pfarrkirche zu Unserer Lieben Frau zur dritten Stadtpfarrei Münchens. 1827 wurde die Klosterkirche auf Drängen von Ludwig I. von den Franziskanern übernommen. Als sie für die wachsende Bevölkerung zu klein wurde, baute man 1892 gegenüber die Pfarrkirche St. Anna.

Das Kloster wurde 1944 durch Bombentreffer schwer beschädigt, die Klosterkirche bis auf die Außenmauern zerstört. Unmittelbar nach dem Krieg begann der Wiederaufbau. Die Rokokofassade wurde in ihre Urform rückgebaut, die Rekonstruktion des Innenraums dauerte bis 1979. Und da erwuchs des Architekten großer Wurf erneut zum Leben: Der Verzicht auf rechte Winkel war zu Fischers Zeiten etwas völlig Neues, der oval konzipierte Hauptraum eine Sensation. Und das alles ausgeschmückt mit den aufwendig erneuerten Altarbildern und Fresken von Cosmas Damian Asam und Johann Baptist Straub. Da war die von den Franziskanern 1827 nach St. Anna mitgebrachte Reliquie des heiligen Antonius von Padua (1195–1231), die sie 1330 von Ludwig dem Bayern geschenkt bekommen hatten, nichts als eine sehenswerte Dreingabe.

Adresse St.-Anna-Platz 21, 80538 München (Lehel) | **Anfahrt** U4/5, Haltestelle Lehel | **Öffnungszeiten** täglich 6–19 Uhr | **Tipp** Empfehlenswert sind der Feinkostladen und das Restaurant »Gandl« am St.-Anna-Platz, Tel. 089/29162525.

51 Der Kopf der Bavaria
Und unten steht die Ruhmeshalle

Jeder kennt die Bavaria, hat wahrscheinlich zu ihren Füßen während des Oktoberfestes die eine oder andere Maß getrunken. Und die Besucher spekulieren beim Blick auf die 1850 anlässlich des damaligen Oktoberfestes enthüllte bronzegegossene Statue immer wieder, wie hoch sie wohl sein mag und ob man ihr wirklich in den Kopf steigen kann. Die von Ludwig Schwanthaler entworfene und von Ferdinand von Miller errichtete Bavaria ist 18,5 Meter hoch, wiegt 80 Tonnen und steht auf einem zehn Meter hohen Steinsockel. Sie galt seinerzeit als technische Meisterleistung und wurde zu einem der Wahrzeichen Münchens. Und: Über eine Wendeltreppe in der hohlen Bavaria kann man bis in den Kopf der Statue steigen. Dort gibt es eine Plattform mit zwei bronzenen Sitzbänken, einige Aussichtsluken – und einen unvergleichlichen Blick aufs Oktoberfest. Aufstieg und Blick sind allerdings nichts für schwache Nerven.

Aber es verbirgt sich noch etwas ganz anderes hinter dem monumentalen Standbild der Bavaria: die Ruhmeshalle für bedeutende bayerische Persönlichkeiten, die allerdings zu Oktoberfestzeiten immer geschlossen ist. Bayernkönig Ludwig I. hatte die Ruhmeshalle zwischen 1843 und 1853 von Leo von Klenze entwerfen und bauen lassen. In dieser dreiflügeligen dorische Säulenhalle sollten die Büsten derer zu Ehren kommen, die sich um Bayern, die Wissenschaften und die Kunst verdient gemacht haben. Als Gegenstück sozusagen zur Walhalla bei Regensburg, in der die Büsten großer Deutscher versammelt sind.

1853 wurden 74 Büsten verdienter Bayern aufgestellt, die – so war die Vorgabe des Königs – möglichst lebensecht aussehen sollten. 1888 wurde im Rahmen der Feierlichkeiten seines 100. Geburtstags eine Büste von Ludwig I. aufgestellt. Nachdem die Ruhmeshalle 1944 bei einem Luftangriff schwer beschädigt worden war, wurde sie anlässlich der Olympischen Spiele in München wieder instand gesetzt.

Adresse Theresienhöhe 16, 80339 München (Schwanthalerhöhe) | **Anfahrt** U4/5, Haltestelle Theresienwiese; Bus 131/134, Haltestelle Theresienhöhe | **Öffnungszeiten** 1. April–15. Okt. täglich 9–18 Uhr, während des Oktoberfestes bis 20 Uhr, 16. Okt.–31. März geschlossen. Die Ruhmeshalle bleibt während des Oktoberfestes aus Sicherheitsgründen geschlossen. | **Tipp** Auf der anderen Seite der Theresienwiese steht mit der um 1900 erbauten neugotischen Paulskirche einer der mächtigsten Kirchenbauten Münchens.

52 __ Die Kragenköpfe
Kutscher Krenkl und Co. am Karlstor

Der Ross-Krenkl, Hofnarr Prangerl, Bassgeigenbaron Sulzbeck und der Postillion Finessensepperl – vier Altmünchner Originale geben sich in den Ecken des Mittelteils des Karlstors die Ehre. Ein Quartett mit Geschichte und Geschichten. Georg Prangerl (1745–1820) war Musiker und kurfürstlicher Hofnarr, zotig und voll derber Anekdoten, die weit über den Hof hinaus belacht wurden. Joseph Huber, der Finessensepperl (1763–1829), war ein Original der Biedermeierzeit. Der Postillion d'Amour galt als Meister des Zustellens von Liebesbriefen. Und Baron Josef Sulzbeck (1776–1845) brillierte als Bassgeiger im Hofbräuhaus.

Niemand aber hat sich so in die Münchner Seele und den Sprachgebrauch vieler Zugereister eingebrannt wie Kutscher Franz Xaver Krenkl (1780–1860) und sein »Wer ko, der ko …«. Das hat er nicht irgendjemandem zugerufen, nein, dem König höchstpersönlich. Majestätsbeleidigung auf Bayerisch.

Als die Pferdekutsche von Ludwig I. mal wieder gemächlich durch den Englischen Garten zuckelte, preschte von der Seite der 14-malige Oktoberfest-Pferderennen-Gewinner Franz Xaver Krenkl mit seinem Gespann heran und nahm dem König verbotenerweise die Vorfahrt. Seine Kutsche musste scharf abbremsen. Dabei rief ihm Krenkl triumphierend zu: »Majestät, wer ko, der ko …« (Wer kann, der kann).

Das Karlstor, das westliche Stadttor der historischen Altstadt, wurde da, wo heute die Fußgängerzone der Neuhauser Straße in den Karlsplatz (Stachus) mündet, bereits 1315 im Zuge des Baus der mittelalterlichen Stadtmauer errichtet. Weitere Relikte der alten Stadtbefestigung sind das Isar- und das Sendlinger Tor. 1857 fiel im Rahmen einer Pulverexplosion und eines Brandes der mittige Hauptturm in sich zusammen, 1791 wurde das Tor, das bis dahin Neuhauser Tor hieß, gänzlich neu gestaltet. Die heutige neugotische Anmutung stammt von Arnold von Zenetti, der auch die vier Kragenköpfe etablierte.

Adresse Karlsplatz (Stachus), 80335 München (Altstadt) | **Anfahrt** U4/5, S1/2/4–8, Haltestelle Karlsplatz (Stachus) | **Tipp** Ein Münchner Original jüngerer Zeit war Sigi Sommer (1914–1996), Lokaljournalist der »Münchner Abendzeitung«, dessen Lokalkolumne »Blasius, der Spaziergänger« zwischen 1949 und 1987 rund 3.500-mal erschienen ist. Das Sigi-Sommer-Denkmal, 1998 von Max Wagner errichtet, befindet sich in der Rosenstraße.

53 Der Kunstpavillon
Modernes und Phantasievolles hinterm Neptunbrunnen

Wenn Münchner Kunstkenner sagen, dass der Kunstpavillon im »Alten Botanischen Garten« so etwas wie das Tor zur Münchner Kunstmeile darstellte, hat das seine Berechtigung. Denn es ist nicht weit bis zur geballten Kunstdröhnung der Maxvorstadt und Schwabings mit ihren Pinakotheken, Galerien und Sammlungen. Wie gut, dass man es hier auf rund 200 Quadratmetern mit einem überschaubaren, aber stets sorgfältig kuratierten Angebot zu tun hat. Da lohnt das Reinschauen. Ein Raum, ein Blick, ein Eindruck.

Der Kunstpavillon bietet zeitgenössischen Künstlern ein Ausstellungsforum. Längst schon stellen nicht mehr nur die Mitglieder des Trägervereins Pavillon aus, die überwiegend Künstler aus München sind und den Kunstraum leiten. Für die jeweils drei Wochen dauernden Ausstellungen kann sich jeder in- oder ausländische Künstler bewerben. Zwischen den Ausstellungen gibt es Performances und Events. Alle Sparten und Ausdrucksformen der bildenden, medialen und Performance-Kunst sind erlaubt. Die Nutzung des Kunstpavillons ist für die ausstellenden Künstler mit keinen Kosten verbunden; eine Provision fällt beim Verkauf eines Objekts nicht an.

Der Kunstpavillon wird auch für Diskussionsforen und Symposien genutzt. Jährlich wird dort der nach dem früheren Schwabinger Künstlerlokal »Seerose« benannte »Seerosenpreis« für das Lebenswerk eines Münchner Künstlers vergeben, dessen Kunstschaffen eng mit der Stadt verbunden ist.

Ursprünglich stand der Kunstpavillon an der Elisenstraße gegenüber dem Justizpalast. 1937 wurde er im Zuge der Neugestaltung des Alten Botanischen Gartens – der Neue Botanische Garten war bereits 1914 vor den Toren der Stadt in Nymphenburg angelegt worden – an die Stelle des 1931 abgebrannten, für die Internationale Industrieausstellung 1854 errichteten Glaspalastes gebaut. Er diente als Atelier für den von Hitler an die Münchner Akademie berufenen Nazi-Bildhauer Josef Thorak.

Adresse Sophienstraße 7a, 80333 München (Maxvorstadt), Tel. 089/597359 | **Anfahrt** U4/5, Haltestelle Karlsplatz (Stachus) | **Öffnungszeiten** Di–Sa 13–19 Uhr, So 11–17 Uhr | **Tipp** Eine Plattform der aktuellen Münchner Kunstszene ist die Städtische Kunsthalle »Lothringer 13« (ehemals »Künstlerwerkstatt«) in der Lothringer Straße 13.

54   Der Kunst-U-Bahnhof
Der Appetizer macht Lust auf oben

Bevor man am U-Bahnhof Königsplatz ans Tageslicht gelangt und sich inmitten des Kunstareals Münchens mit seiner einzigartigen Dichte an Museen und Galerien befindet, gibt es schon mal einen Vorgeschmack der Extraklasse. Denn direkt über dem Bahnsteig der U-Bahn-Station wurde 1994 in einem bis dahin ungenutzten unterirdischen Hohlraum ein ganz spezielles Kunstmuseum geschaffen, der sogenannte »Kunstbau«. Dieser 110 mal 14 Meter große Leerraum war aus technischen Gründen beim Bau der U-Bahn-Station am Königsplatz entstanden und wurde vom Architekten Uwe Kiessler zu einer inzwischen nicht mehr wegzudenkenden Kunsthalle umgestaltet, die der Städtischen Galerie im Lenbachhaus angegliedert ist. In dieser länglich verlaufenden, fensterlosen »White Box« werden seither spannende Kunst-Events präsentiert – von großflächigen Installationen bis zu themenspezifischen Sonderausstellungen, Ausstellungen der klassischen Moderne bis zu zeitgenössischen Künstlern. So waren während der Schließung des Lenbachhauses aufgrund der aufwendigen Generalsanierung die Werke des Blauen Reiters zwischenzeitlich im Kunstbau zu sehen.

Verbunden sind das Lenbachhaus, diese im florentinischen Stil von Gabriel von Seidl entworfene, ursprünglich private Villa des »Malerfürsten« Franz von Lenbach, und der Kunstbau am Königsplatz durch den 2002 geschaffenen Museumsplatz, auf dem in unregelmäßigen Abständen Projekte zeitgenössischer Künstler gezeigt werden.

Seit 2005 verfügt das Lenbachhaus über eine zweite künstlerische Außenstelle, den »Kubus« im neuen Petuelpark (Klopstockstraße 10), dieser sich durch die Untertunnelung des Mittleren Rings gebildeten Grünfläche mit Kunstraum, Café und »Generationengarten« zwischen Schwabing-Nord und Milbertshofen. Der Kubus zeigt vierteljährlich wechselnde Ausstellungen zeitgenössischer Künstler.

Adresse Königsplatz/U-Bahn-Zwischengeschoss, 80333 München (Maxvorstadt) | **Anfahrt** U2, Haltestelle Königsplatz, wird vom Zwischengeschoss des U-Bahn-Eingangs erreicht. Tram 27, Haltestelle Karolinenplatz; Bus 100 (Museumslinie), Haltestelle Königsplatz | **Öffnungszeiten** Di–So 10–18 Uhr | **Tipp** Sehenswert ist auch der U-Bahnhof Königsplatz mit seinen zahlreichen Repliken und Faksimiles weltbekannter Kunstwerke der angrenzenden Glyptothek und der Staatlichen Antikensammlung.

55 Das Kurt-Eisner-Denkmal
Hier wurde der Gründer des Freistaates Bayern ermordet

Wie das so ist in Bayern: Die Erinnerung an die linke Geschichte fällt vielen schwer. Geschäftsleute und vor allem Politiker der CSU waren es, die lange versuchten, ein Denkmal für Kurt Eisner, den Gründer des Freistaates Bayern, zu verhindern. Schließlich gab es einen Kompromiss. 1989 wurde anlässlich des 70. Todestages Eisners eine Reliefplatte in das Pflaster der Kardinal-Faulhaber-Straße (früher Promenadestraße) eingelassen, genau an der Stelle, an der der Politiker am 21. Februar 1919 auf dem Weg von seinem Amtssitz im Palais Montgelas zum nahe gelegenen Landtag (damals in der Prannerstraße, im Gebäude des heutigen Siemens-Museums) von einem rechtsextremen Studenten hinterrücks erschossen wurde. Die Bodenplatte zeigt die Umrisse eines am Boden menschlichen liegenden Körpers.

Der 1867 als Sohn jüdischer Geschäftsleute in Berlin geborene Eisner studierte Philosophie und Germanistik. Er arbeitete als Journalist für den »Vorwärts« und ab 1910 in München für die »Münchner Post«. Lange gehörte Kurt Eisner der SPD an, bevor er 1917 Vorsitzender der Unabhängigen Sozialdemokratischen Partei Deutschlands (USPD) in Bayern wurde. Eisner, der enge Kontakte zum Schwabinger Künstlermilieu hatte, aber auch in der Arbeiterschaft äußerst populär war, setzte sich an die Spitze der bayerischen Novemberrevolution von 1918/19. Am 7. November rief er nach der Flucht König Ludwigs III. den Freistaat Bayern aus. Der Nationalrat wählte ihn zum ersten bayerischen Ministerpräsidenten einer Regierung aus SPD und USPD. Seine Regierung führte den Acht-Stunden-Tag ein und das Frauenwahlrecht und schaffte die kirchliche Schulaufsicht ab. Das zog den Hass des Klerus und der politischen Rechten auf sich. Nach Eisners Ermordung – rund 100.000 Münchner kamen zur Beisetzung auf dem Ostfriedhof – wurde kurzfristig die Münchner Räterepublik ausgerufen, die Anfang Mai 1919 blutig niedergeschlagen wurde.

Adresse Kardinal-Faulhaber-Straße/Ecke Promenadeplatz, 80333 München (Altstadt) | **Anfahrt** U3/4/5/6, Haltestelle Odeonsplatz; Tram 19, Haltestelle Theatinerstraße | **Tipp** Ein Gedenkstein für Kurt Eisner befindet sich auf dem Ostfriedhof. Die Nazis hatten den Leichnam Eisners auf den Jüdischen Friedhof in der Garchinger Straße umgebettet, wo er heute noch liegt.

56 Die Lampen des Ingo Maurer
Licht und Design in der U-Bahn-Station Westfriedhof

Münchens U-Bahnhöfe können sich sehen lassen. Die einfarbige Kachel, das unisono Blaugrau, gehört der Vergangenheit an. Was in den letzten Jahren an neuen U-Bahn-Stationen gebaut wurde, ist durchweg ein gelungener Mix aus Funktionalität und künstlerisch anmutiger Gestaltung. Ob es sich um die riesigen Blumenornamente der Station in Moosach (U3), die bunten Tafeln am Georg-Brauchle-Ring (U1), die Glaskuppel am St.-Quirin-Platz (U1), die Deckenverzierung am Hasenbergl (U2) oder die neuen blauen Säulen an der Münchner Freiheit (U3/6) handelt – überall haben namhafte Künstler Marken gesetzt. Keine U-Bahn-Station ist in ihrer Ästhetik aber so eigenwillig und nachhaltig wie die Haltestelle Westfriedhof mit der extravaganten Beleuchtung des Lichtdesigners Ingo Maurer.

Geplant und umgesetzt wurde die Gestaltung des Bahnhofs Westfriedhof neben dem städtischen U-Bahn-Referat vom Architekturbüro Auer+Weber. Spektakulär aber wurde der Bahnhof durch die Beleuchtung, die vielfach als Motiv für Kreativagenturen hergenommen wird und als Filmkulisse dient. Elf große Lampen wie Halbkugeln an der Decke mit einem jeweiligen Durchmesser von 3,80 Metern in den Farben Blau, Rot und Gelb tauchen den Bahnsteig in ein sattes Farbenmeer. Fünfmal Gelb, zweimal Rot und viermal Blau.

Dazu sind die naturbelassenen, rauen Wände, die wie gesprengter Fels wirken, in blaues Licht getaucht. Eigentlich sollten die Wände hinter einer matten Glasschicht verschwinden, die Architekten entschieden sich aber für die rustikale Variante. Die Außenwände mussten im Jahr 2003 allerdings zusätzlich durch ein Stahlnetz vor herabstürzenden Steinbrocken geschützt werden. Aber genau dieses unfreiwillig installierte Netz ist es, das dem Bahnhof neben dem fulminanten Licht etwas Museales, nie Wiederkehrendes verleiht und so dem Stationsnamen und dem sich dahinter verbergenden Inhalt am nächsten kommt.

Adresse U-Bahnhof Westfriedhof, 80637 München (Moosach) | **Anfahrt** U1, Haltestelle Westfriedhof | **Tipp** Unbedingt einen Blick werfen in den 700 Quadratmeter großen Leuchtenladen mit Showroom von Ingo Maurer in der Kaiserstraße 47, Tel. 089/381606-91, Öffnungszeiten Di–Fr 11–19 Uhr, Sa 11–16 Uhr.

57 Der Lichthof der LMU
Flugblätter gegen den Nazi-Terror

Wenn man im Lichthof der Ludwig-Maximilians-Universität steht und sich einen Moment lang die Geschichte des studentischen Widerstands gegen den Nazi-Terror ins Gedächtnis ruft, sieht man imaginär die Flugblätter über die Brüstung des obersten Ranges auf einen herniederfliegen, so, wie es am Nachmittag des 18. Februar 1943 geschah. Und man ahnt den Schrecken von Hans und Sophie Scholl, als der Hausmeister, ein SA-Mann, die schon lange gesuchten Drahtzieher der Widerstandsgruppe Weiße Rose entdeckte. Und dessen Triumph, als er sie zu fassen bekam und wenig später der Gestapo im Wittelsbacher Palais übergeben konnte.

Von Juni 1942 bis zum Februar 1943 hatten die jungen Studenten, die sich um den Freundeskreis von Hans Scholl und Alexander Schmorell zusammengefunden hatten, unter ständiger Lebensgefahr mit immer neuen Flugblättern und Fassadensprüchen zum Widerstand gegen Nazi-Terror und Krieg aufgerufen.

Bereits vier Tage nach der Verhaftung im Lichthof der Universität wurden nach kurzem Prozess durch den aus Berlin angereisten Präsidenten des Volksgerichtshofs, Roland Freisler, im Münchner Justizpalast die Todesurteile gesprochen. Sophie Scholl, Hans Scholl und ihr Freund Christoph Probst wurden in Stadelheim noch am selben Tag durch die Guillotine enthauptet. Nach einem zweiten Prozess wurden die Studenten Alexander Schmorell und Willi Graf sowie der Universitätsprofessor Kurt Huber ermordet.

Im Hauptgebäude der Uni erinnern eine steinerne weiße Rose und ein Relief mit den Bildern und Namen aller Mitglieder an die Weiße Rose. 1997 wurde im Lichthof eine »Denkstätte Weiße Rose« mit persönlichen Erinnerungsstücken an die Widerstandsgruppe eingerichtet. Im Lichthof der Uni wurde 2007 eine bronzene Sophie-Scholl-Büste des Bildhauers Nicolai Tregor aufgestellt. Draußen vor dem Uni-Hauptgebäude gibt es seit 2005 eine in das Pflaster eingelassene Bodenskulptur, die die Flugblätter zeigt.

Adresse Geschwister-Scholl-Platz 1, 80539 München (Maxvorstadt) | **Anfahrt** U3/6, Haltestelle Universität | **Öffnungszeiten** ganztägig | **Tipp** Nahe der Uni lohnen sich zwei Cafés mit Flair: die Uni-Lounge am Geschwister-Scholl-Platz 1 in den ehemaligen Pferdeställen des Unigebäudes. Auf der anderen Seite der Ludwigstraße, am Professor-Huber-Platz, liegt das Café an der Uni, in dem man auch wunderbar draußen sitzen kann.

58 Die Lodenfrey-Fabrik
Wo einst die Trachtenjanker genäht und gebügelt wurden

Kann man sich denn so etwas wirklich vorstellen? Da sitzen in einer riesigen Halle im dritten Stock eines alten Fabrikgebäudes Dutzende von ausländischen Näherinnen, nähen mäßig bezahlt Hirschhornknöpfe an soeben aus Malta eingetroffene Stoffe und machen so aus einer dort produzierten Lodenjacke flugs ein »Made in Germany«, während wenige Meter weiter gerockt wird, dass es den Englischen Garten zu zerreißen droht. Keith Richards Gitarrenriffs, Mick Jaggers Stimme. Alles live. Im zwölf Meter hohen Kesselhaus spielen sich die »Rolling Stones« warm für ihr abendliches Konzert im Olympiastadion, natürlich ganz geheim und unter strengem Ausschluss der Öffentlichkeit. Und erst wenige Tage zuvor hat sich hier »Haindling« eine ganze Nacht lang auf seine neue Deutschland-Tournee vorbereitet. Es tut sich was bei Lodenfrey.

Über 100 Jahre lang war die riesige Fabrik an der Osterwaldstraße, die zwischen den Bächen tief im Englischen Garten liegt, die Produktionsstätte von Lodenfrey und seinen weltbekannten Lodenstoffen. Besonders die Wasserkraft des Schwabinger Baches wurde über das heute noch existierende Turbinenhaus zum Betrieb der Walkmühle genutzt, während die Familie Frey aus der direkt neben der Fabrik liegenden, durch ein Tor in der Mauer zu erreichenden Villa wachte, dass die Profite der 1842 gegründeten Firma stets sprudelten. Hohe Konjunktur erlebten die Freys vor allem in der Nazi-Zeit, als sie die Wehrmacht mit Armeemänteln bekleiden durften.

Die Zeiten ändern sich, die Tracht ist angesagt, und produziert wird kostengünstiger im Ausland. Aber die Riesenimmobilie im Englischen Garten blieb. Und so kam einem Teil des verfeindeten Familienclans der glorreiche Gedanke, das 35.000 Quadratmeter große Areal in den Lodenfrey-Park umzuwandeln. 25.000 Quadratmeter in 14 Gebäuden sind vermietet, in Eins-a-Lage. Rund 100 Firmen bevölkern das Gelände, überwiegend »kreative Dienstleistungen«. Ein Profitcenter erster Güte.

Adresse Osterwaldstraße 10, 80805 München (Schwabing) | **Anfahrt** U3/6, Haltestelle Dietlindenstraße | **Öffnungszeiten** tagsüber zugänglich | **Tipp** Trachten und Loden sind in. Und welches Geschäft ist auf diesem Gebiet kompetenter als Lodenfrey in der Innenstadt, Maffeistraße 7.

59 Die Magdalenenklause
Ruinenarchitektur im Nymphenburger Park

Alles ist geradlinig und von edler Anmutung im Nymphenburger Park. Das Schloss mit den weit ausladenden Seitenflügeln, die langen, wie an der Schnur gezogenen Wege, der wohlgeschnittene Rasen, die üppigen Blumenbeete, die sprudelnden Wasserspiele. Die gepflegte Amalienburg, das von Kurfürst Karl Albrecht erbaute Jagdschlösschen für seine Frau Maria Amalia, die kunstvoll ausgestattete Badenburg, das Lustschloss Kurfürst Max Emanuels oder die chinesisch beeinflusste Pagodenburg. Die barocke Architektur des Nymphenburger Schlosses, seiner unendlich scheinenden Parklandschaft und der kleinen Parkschlösschen: ein einheitliches architektonisches Ensemble europäischen Formats, geschaffen zu Beginn des 18. Jahrhunderts.

Und dann der Bruch. Unweit des Übergangs in den Botanischen Garten, rechter Hand des Hauptweges, unter dichten Bäumen in einem kleinen Wäldchen, tut sich eine Bauruine auf, die zu all dem Noblen gar nicht passen will. Wird hier saniert? Liegt hier ein Trümmergrundstück unter dichtem Grün? Weit gefehlt: Die unfertig erscheinende Magdalenenklause in ihrem roten Backstein, nur teilweise verputzt, mit Löchern, Rissen und Fragmenten gilt als Meisterwerk der frühen Gartenarchitektur. Damals war es groß in Mode, in Parklandschaften gezielt »intakte Ruinen« zu setzen, in der Anmutung der Landschaftsgestaltung der Romantik.

Die im Auftrag Kurfürst Max Emanuels ab 1725 durch den Hofarchitekten Joseph Effner errichtete Magdalenenklause ist so ein »verrücktes« Bauwerk. Außen Ruine, innen Grotte, für den Herrscher konzipiert als Flucht in die religiöse und philosophische Besinnung, in die Einsamkeit, weitab von allem höfischen Zeremoniell. Gleich hinter dem Eingang liegt der aus Tuffstein, Muscheln, Kieseln und bunten Steinen geschaffene Grottenteil mit der Kapelle und der 1726 von Guiseppe Volpini geschaffenen Figur der Maria Magdalena. Daneben: klösterlich strenge, holzvertäfelte Wohnräume, in die sich die Herrschaften zur inneren Einkehr zurückziehen konnten.

Adresse Schloss Nymphenburg 1, 80638 München (Nymphenburg) | **Anfahrt** Tram 12/16, Haltestelle Romanplatz; Bus 51, Tram 17, Haltestelle Schloss Nymphenburg | **Öffnungszeiten** 1. April–15. Okt. täglich 9–18 Uhr, 16. Okt.–31. März geschlossen. Schloss Nymphenburg und der Park sind ganzjährig geöffnet. | **Tipp** Empfehlenswert: der nahe gelegene Botanische Garten, der über den Schlosspark Nymphenburg unweit der Magdalenenklause oder den Haupteingang Menzinger Straße 65 zu erreichen ist.

60 — Der ManUtd.-Gedenkstein
Das Flugzeugunglück der Elitekicker

Selbst die meisten Truderinger wissen bis heute nicht, wo der ManUtd.-Gedenkstein steht. Aber gehört von dem Flugzeugunglück, damals, 1958, haben sie fast alle. Denn da kam über diesen verschlafenen Münchner Vorort unweit des alten Flughafens Riem eine Katastrophe aus »heiterem« Himmel. Genauer gesagt: Es war ein grauer Wintertag, der 6. Februar 1958. Schnee lag, und auf den Straßen waren wenige Menschen unterwegs.

Die junge, äußerst talentierte Fußballmannschaft von Manchester United hatte sich gerade durch ein 3:3 bei Roter Stern Belgrad für das Halbfinale im Europapokal der Landesmeister qualifiziert. Sie war auf dem Rückflug nach Manchester. An Bord: die komplette Fußballmannschaft, einige Betreuer und Sportjournalisten, insgesamt 44 Personen. Die Maschine der British European Airways musste in München-Riem einen Tankstopp einlegen. Als das Flugzeug kurz nach 15 Uhr wieder abhob – zwei Startversuche waren zuvor abgebrochen worden –, lag auf der Rollbahn in Riem hoher Schneematsch. Das Flugzeug startete durch, erreichte aber nicht die notwendige Geschwindigkeit zum Abheben, raste über die zwei Kilometer lange Startbahn und den 300 Meter langen Sicherheitsstreifen hinaus, zerschellte, brach auseinander.

Aus den Trümmern wurden 21 Tote geborgen, darunter nahezu die komplette Mannschaft des englischen Spitzenclubs. Schwer verletzt waren Teammanager Matt Busby, nach dem die junge Fußballtruppe in England »Busby Babes« genannt wurde, und der damals 20-jährige Bobby Charlton, der die englische Nationalmannschaft acht Jahre später zum Weltmeistertitel führen sollte.

2004 wurde am Unglücksort durch den englischen Fußballclub ein Gedenkstein mit einer massiven Metallplatte aufgestellt, die ein Fußballfeld zeigt, auf dem alle Opfer namentlich aufgeführt sind. Manchester United dankte damit allen Bürgern Münchens für ihre Anteilnahme, die sie hier zum Ausdruck gebracht hatten.

Adresse Manchesterplatz (Emplstraße/Ecke Rappenweg), 81829 München (Trudering) | **Anfahrt** S4 oder U2, Haltestelle Bahnhof Trudering, zu Fuß zur Birthälmer Straße, dann nach rechts bis in die Kirchtruderinger Straße, weiter in die Emplstraße bis zur Ecke Rappenweg. Hier gibt es den kleinen Manchesterplatz, der aber auf keinem Navigationsgerät angezeigt wird. | **Tipp** Von hier aus lohnt sich ein Besuch des Messegeländes München-Riem.

61 Die Marienklause

Beten und Büßen am Hochufer

Wer direkt zwischen Zoogehegen und Fluss, ganz dicht und parallel zur Isar, den Tigern und Löwen entkommen ist, zu Fuß oder mit dem Rad, der stößt gleich hinter dem Tierpark, da, wo es landschaftlich immer reizvoller, aber auch abenteuerlich serpentinenhaft wird, am Steilhang des Isarufers auf einen Heiligenaltar, wie man ihn sonst nirgends in und um München antrifft. Man glaubt seinen Augen nicht zu trauen, ein Hauch von christlicher Disneyworld tut sich da auf: die Marienklause.

Ob Klause, Grotte oder Kapelle, ganz wie man will, es handelt sich hier um einen Ort, um dessen Entstehung sich Geschichten ranken, die der Wahrheit entsprechen mögen, vielleicht aber auch nur Sagen sind. Verbürgt ist, dass die kleine Kapelle 1866 von Martin Achleitner (1823–1882) aus Holz, Nagelfluh und Grottenstein erbaut wurde. Martin Achleitner war von Beruf Wasserbaumeister und arbeitete als Wasseraufseher und Schleusenwärter am jahrhundertealten Wehr. Einem Gelübde folgend, soll er, nachdem er mit seinem Floß mehrmals in den Hochwasserfluten der reißenden Isar zu zerschellen drohte und vom Steilhang herabstürzende Felsbrocken das kleine Schleusenwärterhäuschen knapp verfehlten, der Heiligen Jungfrau die Kapelle gebaut haben. Als Dank dafür, dass sie ihn immer wieder vor den Stürmen der Natur gerettet hatte.

Die hölzerne Marienkapelle mit Giebeldach und kleinem Türmchen liegt versteckt und eingebaut in der Steilwand des Isarhanges. Sie ist über einen schmalen Pfad zu erreichen. Im stets sehr dunklen Altarraum befindet sich eine Marienfigur. Vor der Kapelle liegt unter dichten Bäumen der von Martin Achleitner ebenfalls angelegte kleine Garten mit 14 Kreuzwegstationen und einem Steinaltar. Und da unterhalb der Grotte auch noch die kleine Jakobsquelle aus dem Berg sprudelt und von Achleitner ins Ensemble integriert wurde, finden sich immer wieder Pilger am Steilhang ein.

Adresse Hochleite am südlichen Tierpark, 81545 München (Harlaching) | **Anfahrt** U2, Haltestelle Thalkirchen; Tram 15/25, Haltestelle Theodolindenplatz; Bus 52, Haltestelle Tierpark | **Tipp** Nahe der Marienklause führt eine sehenswerte Fußgängerbrücke, der Marienklausensteg, über die Isar auf den Damm des Isar-Werkkanals, zur Floßlände und zum Campingplatz Thalkirchen. Unterhalb der Brücke liegt das 1330 gebaute Wehr mit Floßrutsche.

62 — Das Marionettentheater
Großer Auftritt (nicht nur) für die Kleinen

Solch ein Gebäude nur fürs Puppenspiel, das ist eine weltweite Rarität. Und diese Einmaligkeit ist untrennbar mit zwei Namen verbunden, mit »Papa Schmid« und »Graf von Pocci«. Keine Marionettenfiguren, wie man bei diesen leicht schrulligen Namen annehmen möchte, sondern Personen aus dem wirklichen Leben, allerdings aus der zweiten Hälfte des 19. Jahrhunderts. Josef Leonhard Schmid (1822–1912) hatte die Idee, das auf Jahrmärkten boomende Marionettentheater auch für pädagogische Zwecke einzusetzen, um Kinder und Jugendliche anspruchsvoller zu unterhalten, als es der Klamauk auf den Dulten tat. »Papa Schmid«, wie ihn die Münchner später nannten, gewann für dieses Vorhaben einen gewichtigen Mitstreiter, den Hofbeamten, Künstler und Schriftsteller Franz Graf von Pocci (1807–1876). Er ist der Schöpfer des berühmten Kasperl Larifari und von über 40 weiteren Kasperl-Stücken für das Münchner Marionettentheater. So wurde er im Volksmund liebevoll zum »Kasperlgrafen«.

Ab 1852 betrieb Papa Schmid sein Marionettentheater an verschiedenen Münchner Spielorten, im Jahr 1900 konnte er endlich das neue Haus unweit des Sendlinger Tors beziehen. Der Architekt Theodor Fischer (1862–1938) hatte ein mit Säulen versehenes, klassizistisch wirkendes Kleintheater entworfen, den weltweit ersten festen Theaterbau für ein Marionettentheater. Von Beginn an sollten Kinder und Eltern gleichermaßen angesprochen werden. Heute werden nach verschiedenen Umbauten neben den traditionellen Marionetten auch Stücke mit Stab- und Handpuppen präsentiert. Und: Das Marionettentheater bietet neben seinen einschlägigen Kinderstücken auch ein Programm für Erwachsene. Von Opern von Mozart, Offenbach und Orff bis zu zeitgenössischer Musik. 2007 erhielt Graf von Pocci anlässlich seines 200. Geburtstags neben dem Theatereingang ein Denkmal, Papa Schmid wurde bereits bei der Theatergründung verewigt.

Adresse Blumenstraße 32, 81545 München (Altstadt), Tel. 089/265712, www.muenchner-marionettentheater.de | **Anfahrt** U1/2/3/6, Haltestelle Sendlinger Tor; Trambahn 17/18/27, Haltestelle Müllerstraße | **Öffnungszeiten** Vorstellungen Mi, Fr, Sa, So 15 Uhr, Sa auch 20 Uhr. Kartenvorverkauf Di–So 10–13 Uhr, Mo geschlossen | **Tipp** Es gibt in München seit 1986 ein weiteres festes Marionettentheater: die Marionettenbühne Bille, Bereiteranger 15.

63 Das Maulwurfshausener Modell

Spielerisch den Alltag meistern

Maulwurfshausen gilt unter Kennern als der beste Spielplatz der Stadt, ein Tummelplatz, der so originell ist, dass sich auch für Erwachsene ein Besuch lohnt. Maulwurfshausen ist eine komplette Spielstadt aus Holz. Hier findet man (fast) alles, was auch eine richtige Stadt ausmacht. Die Kinder haben im Laufe der Jahre mit Unterstützung ausgebildeter Pädagogen und Betreuer rund 50 Häuser selbst gebaut. Sie können sich ihre eigenen Spielräume schaffen, neue Hütten errichten, Klettertürme bauen, unterirdische Geheimgänge anlegen. Der Kreativität sind keine Grenzen gesetzt, und so wird aus Maulwurfshausen eine richtige Kinder-Kommune. Hier gibt es eine Stadtverwaltung, einen Werk- und Spielzeugverleih, ein Wirtshaus, eigenes Geld und richtige Gesetze, nach denen das Ganze funktioniert. Von Kindern für Kinder erlassen und umgesetzt auf der wöchentlichen Bürgerversammlung. Da können alle Maulwurfshausener diskutieren, Verbesserungsvorschläge machen, Gesetze erlassen – bei gleichem Stimm- und Rederecht für alle Kinder und Betreuer.

Hinter all dem steckt das Konzept, Kinder spielend in die Mechanismen eines Gemeinwesens einzuführen, sie mitzunehmen bei sie betreffenden Entscheidungen, ihnen zu helfen, demokratische und solidarische Verhaltensweisen zu erlernen, Gleichberechtigung von Jungen und Mädchen zu leben. Die Kinder können von der Stadtverwaltung kleine Häuser mieten, daran unter »Denkmalschutzauflagen« munter weiterbauen, sich für Berufe ausbilden lassen, einen Laden eröffnen, Flohmärkte veranstalten. Kunstobjekte werden kreiert, die »Kunst am Bau« gefördert. Oder: Die Kinder toben einfach nur herum. Immer unter der Bedingung: Maulwurfshausen muss funktionieren. Grundlage für alle Einwohner ist der Spielstadt-Ausweis. Dieser Bürgerausweis ist Voraussetzung zur Ausleihe von allen Spielgeräten und deren verantwortlicher Nutzung.

Adresse Albert-Schweitzer-Straße 24, 81735 München (Trudering/Neuperlach), Tel. 089/6701131 | **Anfahrt** U5, Bus 139/192/197/199, Haltestelle Quiddestraße | **Öffnungszeiten** März–Okt. Mo–Fr 13–18 Uhr, im Winter finden die Aktivitäten im Spielhaus und im sogenannten Wolkenzimmer statt. | **Tipp** An der Spielstadt Maulwurfshausen beginnt der Ostpark Neuperlach.

64 Das Mercedes-Benz-Haus
Galerie der silbernen Spielzeugautos

An der Donnersbergerbrücke kulminiert der Münchner Verkehr wie an keinem anderen Ort der Stadt. Der mehrspurige Mittlere Ring, die ausfallende Arnulfstraße. Rund 180.000 Autos verkehren hier täglich. Durchgangsverkehr, Pendler, Menschen, die mal eben in einen anderen Stadtteil müssen. Dazu die Bahntrassen an der Donnersbergerbrücke, im Minutentakt über die Gleise sausende S-Bahnen, ständig ratternde Fernzüge. Die Donnersbergerbrücke ist wahrscheinlich der ungemütlichste Ort der Stadt. Hier rauscht man vorbei, hier verweilt man nicht. Aber gerade an diesem Münchner Kristallisationspunkt der Mobilität trifft man auf ein optisches Highlight, das man so nicht erwartet. Im Vorbeifahren sozusagen. Eines, das bei Tag wirkt und in der Dunkelheit zur vollen Entfaltung kommt. Aufgemerkt!

Nahezu parallel zur Donnersbergerbrücke tut sich ein knapp 150 Meter langes, mehrgeschossiges Schaufenster auf, das zum 2003 neu eröffneten Mercedes-Benz-Center in der Arnulfstraße gehört. In allen Etagen stehen in scheinbar eigenen kleineren Schaufenstern Mercedes-Benz-Limousinen, die aus der Ferne, in raffiniertes Licht gesetzt, wie Spielzeugautos wirken, wie Fahrzeuge aus einem Modellbaukasten. 70 ausgewählte Neufahrzeuge, die nachts regelmäßig gewechselt werden, die aus dem Schaufenster heraus verkauft oder durch neu auf den Markt gekommene Autos ergänzt werden. So wird dieses Schaufenster unfreiwillig zu einer Art Wechselausstellung – natürlich immer mit Mercedes-Inhalt.

Hinter der gigantischen gläsernen Schaufensterfassade verbirgt sich die lichtdurchflutete Ausstellungshalle und die ins Gebäude integrierte Werkstatt sowie der 65 Meter hohe Glasturm. Blickfang aber bleibt die »Spielzeugwelt«, die in der Weihnachtszeit rasch zu Münchens größtem Adventskalender umfunktioniert werden kann. Im Vorbeifahren 24-mal ein neues Fenster öffnen – und Überraschung: immer wieder Autos. Natürlich nur zum Anschauen.

Adresse Arnulfstraße 61, 80636 München (Neuhausen) | **Anfahrt** Tram 16/17, Haltestelle Donnersbergerstraße; S1/2/4–8, Haltestelle Donnersbergerbrücke | **Tipp** Auf der anderen Seite der Donnersbergerbrücke, in der Landsberger Straße, liegt das Anfang des letzten Jahrhunderts erbaute Hauptzollamt München mit seiner herausragenden Glaskuppel.

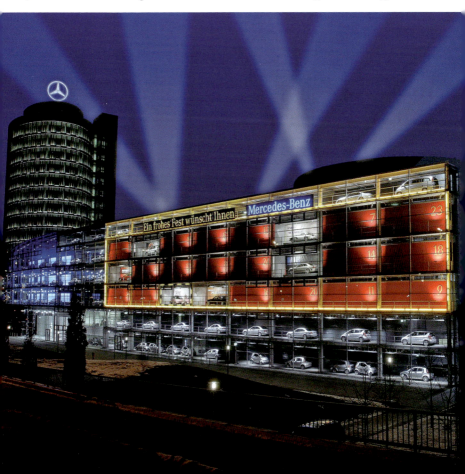

65 Die Metzgerzeile
Leckeres in Münchens guter Stube

Sie ist eine optische und lukullische Attraktion gleichermaßen: Die Metzgerzeile am Viktualienmarkt ist eine kleine Ladenstraße unterhalb des Petersbergl, der höchsten Erhebung innerhalb der historischen Altstadt, auf dem der Alte Peter thront. Kleine, eingeschossige, flachgedeckte Läden liegen hier arkadengleich nebeneinander. Ursprünglich 1860 in neugotischem Stil errichtet, wurden die Geschäfte nach erheblichen Kriegsschäden zwischen 1979 und 1981 rekonstruiert und restauriert.

Das Stadtrecht von 1365 erlaubte es der Metzgerzunft, sich nur an diesem Platz in der Stadt niederzulassen. Neben den »Zwölfapostelmetzgern«, wie die Metzger der Metzgerzeile auch genannt werden, gibt es zahlreiche weitere Geschäfte mit Fleisch- und Wurstwaren rund um den von Münchner Brauereien aufgestellten Maibaum am Viktualienmarkt und: den einzigen Pferdemetzger Münchens.

Den Viktualienmarkt an seinem heutigen Standort gibt es seit rund 200 Jahren. Der zuvor als Markt und Schrannenplatz genutzte Marienplatz war zu eng geworden. König Max I. befahl 1807, auf dem Gelände des Heilig-Geist-Stifts den Abriss der Benefizhäuser, in denen bis dahin Krüppel, Arme und Waisen gespeist wurden. Hier, zwischen Peters- und Heiliggeistkirche, zogen im Zuge der Säkularisation die Lebensmittelhändler und Metzger ein. 1852 wurde entlang der damaligen Stadtmauer die Schrannenhalle als überdachte Großmarkthalle errichtet, eine Stahlkonstruktion von Karl Muffat, die 1932 teilweise abbrannte und seit 2005 in großen Teilen wieder errichtet wurde, allerdings ohne die Funktion der klassischen Markthalle.

Seit 1870 gibt es feste Stände, bis dahin wurden sie jährlich neu verlost. Sie gelten als Goldgruben und sind bis heute sehr begehrt. Mietverträge für die Händler gibt es nicht. Die lukrativen Stände werden den Händlern nach strengen Kriterien von der Stadt zugewiesen. Entsprechend lang sind die Wartelisten.

Adresse Viktualienmarkt 2, 80331 München (Altstadt) | **Anfahrt** U3/6, Haltestelle Marienplatz; Bus 131, Haltestelle Viktualienmarkt | **Öffnungszeiten** normale Ladenöffnungszeiten, bis spätestens 20 Uhr | **Tipp** Man sollte sich unbedingt die auf dem Viktualienmarkt zwischen den Obstbuden und Verkaufsständen errichteten Gedenkbrunnen mit den Figuren unvergessener Münchner Volkssänger und Kabarettisten ansehen, u. a. von Karl Valentin (1882–1948) und Liesl Karlstadt (1892–1960).

66 Die Michael-Jackson-Gedenkstätte

»Jacko« lebt am Promenadeplatz

»Neverland« am Promenadeplatz. Das ist eine Überraschung in München: Der Mythos Michael Jackson (1958–2009) hat sich in einer Gedenkstätte verewigt. Oder besser: Seine Fans haben ihm ein Denkmal gesetzt. Direkt auf dem Promenadeplatz, unmittelbar vor dem Bayerischen Hof hat sich nach dem Tod des Popidols eine Kultstätte besonderer Art entwickelt.

Das kommt natürlich nicht von ungefähr: Michael Jackson hatte während verschiedener Aufenthalte in München mit seinem Hofstaat immer im Bayerischen Hof genächtigt. Für seine Fans unvergessen, als er sich 1998 mit Sohn Prince winkend am Fenster zeigte. Überhaupt: Die Popikone war häufiger an der Isar, hatte nicht zuletzt durch Manager und Mentor Marcel Avram ein inniges Verhältnis zu München. Er besuchte die Glyptothek und mit seinem Sohn den Circus Krone, durchwühlte verkleidet und unerkannt zahlreiche Spielwaren- und Comicläden. Insgesamt ist Michael Jackson fünfmal im Münchner Olympiastadion aufgetreten. Es waren immer Events der Superlative.

Ort der von der Stadt geduldeten Michael-Jackson-Gedenkstätte – immerhin hat sich der Musiker anlässlich eines Megakonzerts unter dem Jubel Tausender von Fans am Marienplatz auch ins Goldene Buch der Stadt eingetragen – ist, Zufall oder nicht, der Sockel der Statue des Renaissance-Komponisten Orlando di Lasso (1532–1594). Dieser bedeutende Tondichter der Hochrenaissance, der lange als Leiter der Münchner Hofkapelle am herzoglichen Hof tätig war, setzte bei seinen öffentlichen Aufführungen für die Sopranparts bevorzugt Kastraten ein.

Der Mann würde staunen, hätte vielleicht auch seine Freude. Täglich werden ihm zu Füßen neue und vielfach äußerst originelle Devotionalien niedergelegt. Kunstblumen, frische Blumen, Rosen über Rosen. Lebenslichter, Herzen, Fotos, Engel und Kuscheltiere.

Adresse Promenadeplatz, 80333 München (Altstadt) | **Anfahrt** U3/6, Haltestelle Odeonsplatz oder Marienplatz; Tram 19, Haltestelle Theatinerstraße oder Lenbachplatz | **Öffnungszeiten** immer zu besichtigen | **Tipp** Sehenswert ist das »Orlando-Haus« mit dem Café und Restaurant »Orlando« am Platzl. Einer der Vorgängerbauten an dieser Stelle war im Besitz Orlando di Lassos.

67 Das Milch-Häusl
Bio-Imbiss und Mini-Biergarten

Diesen Kiosk an einem der Haupteingänge zum Englischen Garten gibt es schon seit weit über 100 Jahren. Einst als Geräteschuppen für die nahen Pferdestallungen gebaut, dann als Ausgabestelle für Milch und Brot an die hungrige Schwabinger Bevölkerung nach dem Zweiten Weltkrieg (daher der Name heute) und schließlich jahrelang als kleiner Cafékiosk mit Biergarten genutzt, präsentiert sich der Kiosk nach seiner Grundsanierung und dem Innenausbau im Jahr 2003 heute als Geheimtipp aller Bio-Freunde.

Denn es müssen nicht immer Haxen, Würstl oder Ripperl sein, nicht Massen Bier oder halbe Weiße, wenn man in den Englischen Garten geht. Es kann auch Milch sein, Bio eben. Auf der Karte stehen reichlich bayerische Schmankerl, garantiert aus ökologischem Anbau, von möglichst regionaler Herkunft und durchweg zu zivilen Preisen. Studenten der Tiermedizin, für die es bis zum Kiosk nur ein Katzensprung ist, essen hier, aber auch Angestellte der Münchener Rück und der Verwaltung, wenn es schnell gehen und dennoch zünftig sein soll.

Im Sommer sitzt es sich gemütlich unter dem kleinen weiß-blauen Maibaum im Mini-Biergarten. Schmankerl von der Öko-Brotzeitkarte, den »Wolpi mit Kartoffelsalat«, die »SauSemmel« mit Sauerkraut oder ein reichhaltiges Suppensortiment gibt es, dazu natürlich, wenn gewünscht, eine Halbe Bier – oder doch lieber ein Glas Milch? Bequem für Eltern mit Kindern: Direkt beim Kiosk gibt's einen Spielplatz.

Doch auch der Winter hat es rund ums illuminierte Milch-Häusl in sich. An frostigen Tagen und bei tiefem Schnee gibt es heiße Suppen, wird an Stehtischen Yeti-Glühwein oder Eierlikörpunsch ausgeschenkt. Und wem es dennoch zu frostig ist, der kann sich in eine der vier im Winter vor dem Kiosk platzierten Seilbahngondeln, ausgeliehen von der Bayerischen Zugspitzbahn, hocken, die allesamt beheizt sind. Trotzdem: Im Sommer ist's gemütlicher.

Adresse Königinstraße 6, 80539 München (Maxvorstadt), Tel. 089/517297-180 | **Anfahrt** U3/6, Haltestelle Universität, dann durch die Veterinärstraße in den Englischen Garten | **Öffnungszeiten** täglich 10–22 Uhr | **Tipp** Ein weiterer reizvoller Kiosk mit einem gemütlichen kleinen Biergarten ist der Kiosk St. Moritz in der Gunezrainerstraße 6 am Ende der Feilitzschstraße zu Beginn des Englischen Gartens.

68 Die Monacensia
Münchens literarisches Gedächtnis

Es gibt keine Frage zu München, seiner Geschichte, zu seinen prominenten Bürgern aus Kunst und Literatur, die in der Monacensia nicht beantwortet werden kann. Hier, im ehrwürdigen Hildebrandhaus in der noblen Maria-Theresia-Straße am Hochufer der Isar, befindet sich Münchens literarisches Gedächtnis, eine wahre Schatzkammer des Geistes. Angemessen für Deutschlands Verlags- und Literaturstadt Nummer eins.

Zum Kernbereich des Literaturarchivs gehören etwa 250 literarische Nachlässe und Dokumente von Schriftstellern und Künstlern, die ihren Lebensmittelpunkt in München und in Bayern hatten. Zur Sammlung zählen über 350.000 Autografen, Manuskripte, Briefe und Tagebücher. Für Historiker, Studenten und Publizisten eine Fundgrube erster Ordnung. Dazu hält die Monacensia rund 30.000 Fotografien zu Leben und Werk Münchner Persönlichkeiten aus Kunst und Literatur bereit. Zu den Nachlässen der Monacensia gehören die von Klaus und Erika Mann, von Annette Kolb, Therese Giehse, Frank Wedekind, Oskar Maria Graf, Ludwig Thoma, Carl Amery, Herbert Achternbusch und vielen anderen zeitgenössischen Autoren, aber auch von Schauspielern, Kabarettisten und Komikern wie Liesl Karlstadt, Werner Fink und Jörg Hube. Dazu wird in einer Spezialbibliothek zum Thema München nahezu lückenlos alles gesammelt und archiviert, was für die Stadt und die Region von Relevanz ist.

Gegründet aus kleinen Anfängen in den 1920er Jahren durch den damaligen Stadtbibliotheksdirektor Hans Ludwig Held, hat sich die Monacensia zur umfassendsten Sammlung ihrer Art in einer deutschen Großstadt entwickelt. Als Außenstelle der Stadtbibliothek München residiert sie seit gut 30 Jahren im ehemaligen Haus, oder besser im Stadtschlösschen des Bildhauers und Künstlers Adolf von Hildebrand (1847–1921). Die Monacensia verfügt im alten Atelier Hildebrands über einen großen Lesesaal, Bücher dürfen nicht ausgeliehen werden.

Adresse Maria-Theresia-Str. 23, 81675 München (Bogenhausen), Tel. 089/4194720 | **Anfahrt** U4/5, Haltestelle Max-Weber-Platz; Bus 100, Haltestelle Friedensengel; Tram 18, Haltestelle Holbeinstraße | **Öffnungszeiten** Mo–Mi, Fr 10.30–18 Uhr, Do 10.30–19 Uhr | **Tipp** Die in der Prinzregentenstraße 60 gelegene Villa Stuck mit dem neuen, lichtdurchfluteten Museumscafé ist einen Besuch wert.

69 Der Monaco-Franze
Wo der ewige Stenz unvergessen bleibt

Mit einem der urigsten Münchner Originale der neueren Zeit einen Cappuccino trinken, einen Campari schlürfen, am Nebentisch, Auge in Auge – kein Problem. Mit dem populärsten Vorstadt-Casanova, Hallodri und ewigen Stenz, dem Monaco-Franze, im Tête-à-Tête. Helmut Fischer (1926–1997), der große Volksschauspieler, hat sich für immer niedergelassen, hier im Schwabinger Café Münchner Freiheit, seinem Lieblingsort, seiner »guten Stube« außerhalb des Filmsets. In Form seines Denkmaldoubles.

Das Unglaubliche ist, dass Helmut Fischer seine wirklich großen Erfolge eigentlich erst mit 57 Jahren einspielte. Und da war es für ihn, der zeitlebens Schauspieler war und die renommierte Otto-Falckenberg-Schule besucht hatte, ein Glücksfall, dass er auf den Regisseur Helmut Dietl traf. Der erkannte sein Talent, war angetan von dem durch ein Bandscheibenleiden stets staksigen Gang des Schauspielers. Als Kriminalkommissar durch zahlreiche Tatorte und diverse andere Filmrollen leidlich bekannt, wurde Helmut Fischer durch die von Helmut Dietl und Patrick Süskind geschriebene Serie »Monaco-Franze« über Nacht zum bundesweiten Star, oder, wie Münchens Oberbürgermeister Ude, ein enger Freund Fischers, es ausdrückte: »Populär war er in ganz Deutschland – in München wurde er geliebt.«

Der im Münchner Stadtteil Neuhausen geborene Helmut Fischer verkörperte die Schwabinger Boheme moderner Tage. Zehnmal »Monaco Franze – Der ewige Stenz« mit Ruth Maria Kubitschek und Karl Obermayr bedeutete zehnmal schmunzelnd dem leichtlebigen Charmeur und Frauenliebling zu begegnen, der augenzwinkernd und mit Witz alle noch so vertrackten Alltagssituationen und Fettnäpfchen zu meistern schien. Zur Trauerfeier in der Aussegnungshalle des Münchner Nordfriedhofs kamen über 1.000 Verehrer. Beigesetzt ist Helmut Fischer auf dem Bogenhauser Friedhof. Und als Denkmal sitzt er für immer an der Münchner Freiheit.

Adresse Münchner Freiheit 20, 80802 München (Schwabing) | **Anfahrt** U3/6, Haltestelle Münchner Freiheit | **Öffnungszeiten** Das Café Münchner Freiheit hat täglich von 6.30–20 Uhr geöffnet. Das Denkmal für Helmut Fischer ist natürlich immer zu besichtigen. | **Tipp** Im Sommer erfreut sich vor allem das öffentliche Schachspielen an der Münchner Freiheit großer Beliebtheit.

70 — Der Mühlbach in der Au
Wo sich die alten Münchner Stadtbäche zeigen

Den schönsten und stimmungsvollsten Angang zum Mühlbach hin hat man von der Hochstraße her, dem Steilufer mit seiner abfallenden Hangkante. Ein kleiner Weg führt auf Höhe des früheren Frauengefängnisses und des Landratsamtes hinunter zum Neudeck. Hier fließt der Auer Mühlbach, ein einst der Isar rechts vorgelagerter, reißender Bach und seit dem Mittelalter Energielieferant für Dutzende Wasserräder und Mühlen in der Au. Doch erst 2002 wurde der Mühlbach in der Au und in Teilen Untergiesings wieder freigelegt, nachdem er vor über 100 Jahren »unter die Erde« gebracht worden war.

Früher war München eine von Bächen durchzogene Stadt, westlich und östlich der Isar, die aber mit dem Verlust ihrer Funktionen trockengelegt oder abgedeckt wurden. Die meisten Bäche hatten ihren Ursprung in der Isar, die, bevor sie »gebändigt« wurde, ständig das Flussbett wechselte und vielfach eigene Bäche hinterließ. Vor allem die Bäche, die innerhalb der alten Stadtmauern verliefen, waren alle miteinander vernetzt, wechselten ihre Namen immer nach deren Funktionen oder Viertelbezeichnungen. Innerhalb wie außerhalb der Stadtmauern betrieb die Wasserkraft der Bäche die vielen Mühlen, und entsprechend waren auch die Namen: Stadthammerschmiedebach, Gewürzmühlbach, Brudermühlbach. Ab 1881 sorgte die Wasserkraft des Mühlbachs in der Au auch für die Energie der von Carl von Linde erfundenen Eismaschine zur Kühlung des Biers der einst benachbarten Paulaner Brauereianlagen unterhalb des Nockherbergs.

Nahezu alle Münchner Stadtbäche vereinten sich wieder im Schwabinger Bach und durchzogen mit verschiedenen weiteren Abzweigungen weitläufig den Englischen Garten.

Heute sind die verbliebenen Stadtbäche vor allem über den Isar-Werkkanal ins Regulierungssystem der Isar eingebunden. So auch der Auer Mühlbach, der auf Höhe der Praterinsel wieder in die Isar mündet.

Adresse Am Neudeck, 81541 München (Au) | **Anfahrt** U1/2, Haltestelle Fraunhoferstraße oder Kolumbusplatz; Tram 27, Haltestelle Ohlmüllerstraße; Bus 52/152, Haltestelle Mariahilfplatz | **Tipp** Von hier ist es nur ein Sprung zum Nockherberg und dem Paulaner Brauhaus mit Bierhalle und großem Biergarten. Auf dem Mariahilfplatz findet dreimal jährlich der Markt Auer Dult statt (Mai-, Jakobi- und Kirchweihdult).

71 Die Musikhochschule

Hier wurde 1938 das Münchner Abkommen unterzeichnet

Da, wo heute munter komponiert, musiziert, getanzt und inszeniert wird, wurde in der Nazi-Zeit unrühmliche Weltgeschichte geschrieben. Denn die Hochschule für Musik und Theater in der Arcisstraße war einst der sogenannte »Führerbau«, einer der zentralen Nazibauten des braunen München. In diesem zwischen 1933 und 1937 durch Hitlers Hofarchitekten Paul Ludwig Troost in der für die Naziarchitektur typisch klassizistischen Anmutung errichteten quadratischen Klotz mit seiner gewaltigen Freitreppe fand am 29. September 1938 die »Münchner Konferenz« statt.

Hitler hatte immer wieder mit Krieg gedroht, wenn die Sudetengebiete von der ehemaligen Tschechoslowakei nicht an das Deutsche Reich abgetreten würden. Bis tief in die Nacht berieten die Regierungschefs Englands (Chaimberlain), Frankreichs (Daladier), Italiens (Mussolini) und Hitler. Das Ergebnis: Die Tschechoslowakei musste die Abtretung des Sudetenlandes an Nazideutschland akzeptieren und verlor damit ihre staatliche Souveränität. Nie hatte Hitler wirklich die Absicht, sich an das »Münchner Abkommen« zu halten. Im März 1939 wurde die restliche Tschechoslowakei überfallen und besetzt. Im Führerbau am Königsplatz, da sind sich die Historiker einig, wurden die Weichen für den Zweiten Weltkrieg gestellt.

Das Pendant zum Führerbau, in dem sich Hitlers Büro und die Arbeitsräume seiner Stellvertreter befanden, war der rechter Hand des Königsplatzes ebenfalls von Troost errichtete »Verwaltungsbau«. In dem heutigen »Haus der Kulturinstitute« war die Reichsleitung der NSDP untergebracht. Beide Gebäude hatten den Krieg überstanden und wurden anfänglich von der amerikanischen Militärregierung genutzt. Anders das »Braune Haus«, die Parteizentrale der NSDAP in der Brienner Straße 45, direkt am Königsplatz. Das Gebäude wurde 1945 stark beschädigt und 1947 endgültig abgerissen. Jetzt soll auf dem bis heute unbebauten Areal bis zum Jahr 2013 ein NS-Dokumentationszentrum entstehen.

Adresse Arcisstraße 12, 80333 München (Maxvorstadt), Tel. 089/289-27450 | **Anfahrt** U2, Haltestelle Königsplatz; Tram 27, Haltestelle Karolinenplatz | **Öffnungszeiten** wochentags Universitätsbetrieb, Eingangshalle frei begehbar | **Tipp** In der Richard-Wagner-Straße 10 befindet sich das Paläontologische Museum mit dem Skelett des Mühldorfer Ur-Elefanten.

72 — Die Nachbarschaft am Westermühlbach

Wo Leben und Wohnen in der Stadt verbessert werden sollen

Wenn man durch die hippe Hans-Sachs-Straße und weiter durch das angesagte Glockenbachviertel schlendert und dann auf der Suche nach verbliebenen oder wieder geöffneten Stadtbächen an der Pestalozzistraße unterhalb der backsteinernen Mauer des Südfriedhofs anlangt, stößt man auf den malerischen, von Bäumen umsäumten Westermühlbach. Dieser geht in den unterirdisch fließenden Glockenbach über, der dem Viertel seinen Namen gegeben hat und mit dem er oft verwechselt wird.

Dann stößt man plötzlich auf ein für dieses Viertel ungewöhnliches Gelände. Kurz vor der Kapuzinerstraße hinter einer Brücke, die über den Westermühlbach führt, tut sich ein Verhau auf, den man eher in Berlin erwarten und unter »alternativ« oder »besetzt« abtun würde. In München und speziell im schicken Glockenbachviertel jedenfalls wird man stutzig bei so vielen Holzhütten, Bretterbuden, kleinen Steinhäuschen, wilder Romantik und verbucht das eher unter »Künstlerkolonie«.

Alles falsch. Auf diesem Gelände hat sich die Nachbarschaftshilfe Westermühlbach eingerichtet, und das schon seit über 20 Jahren, als sich die Stadt das Motto gab »Unser Hof soll grüner werden« und »urbanes Wohnen« zum Programm erhob, also lange bevor die Mieten im Glockenbachviertel zu denen Schwabings und der Maxvorstadt aufschlossen. Die »Nachbarschaft Westermühlbach« ist ein gemeinnütziger Verein zur Verbesserung des Lebens und Wohnens in der Stadt und speziell im Glockenbachviertel. Und zu helfen gibt es reichlich. Der Verein, seit 1990 gefördert von Stadt und Staat, setzt ganz auf Großstadt-Nachbarschaft, auf soziale Begegnung und Betreuung. Und die spielt sich hier am Bach und in den Hinterhöfen, auf dem Naturspielplatz, in dem wildromantischen kleinen Dorf im Viertel, das von der Stadt gepachtet wurde und sozialer Treffpunkt ist, ab.

Adresse Kapuzinerstraße 35/Hof, 80496 München (Isarvorstadt), Tel. 089/2014144 | **Anfahrt** Bus 58/131, Haltestelle Baldeplatz | **Öffnungszeiten** Mo–Fr 9–13 Uhr, Di 15–18 Uhr | **Tipp** Am Schyrenplatz, unmittelbar hinter der Wittelsbacher Brücke, befindet sich Münchens angeblich ältester Kiosk. Einige Meter weiter, entlang der Isar, stößt man auf den städtischen Rosengarten.

73 Das Naturbad Maria Einsiedel

Sich im Isarwasser treiben lassen

Schwimmen wie im See, sich treiben lassen wie im Fluss, planschen wie im Kinderbecken. Und das alles ohne Chlor und chemische Zusätze in einer unvergleichlichen Auenlandschaft. Das Freibad Maria Einsiedel ist wahrscheinlich Münchens schönstes Freibad, und dennoch ist es noch immer ein Geheimtipp.

Das zwischen Parks und Auen gelegene Bad entlang der Isar gibt es seit 1899 und ist Flussbadelandschaft und Freibad gleichermaßen. Der Knaller ist der rund 400 Meter lange Isarkanal, der durch das Bad fließt und in dem man sich mit der Strömung treiben lassen kann. Schwimmen kann man nach der Umwandlung des Bades in ein sogenanntes Naturbad seit 2008 in einem auf 2.750 Quadratmeter vergrößerten Schwimmer- und Nichtschwimmerbereich. Die zwei Becken von 25 und 50 Metern, die jetzt über einen Kanal miteinander verbunden sind, und das Planschbecken für Kinder blieben dabei weitgehend unverändert. Alle Becken sind mit grüner Folie ausgekleidet und vermitteln analog zu den anderen Gewässern Natürlichkeit.

Maria Einsiedel wurde als erstes Bad in München nach rein ökologischen und umweltschonenden Gesichtspunkten konzipiert und gebaut. Dabei wird das Wasser durch eine biologische Wasseraufbereitung auf der Basis von Mikroorganismen in einem separat angelegten Regenerationsbereich mit einem Kiesbodenfilter gereinigt. Garantiert ohne das übliche Chlor und jeden chemischen Zusatz. Unter den Liegewiesen, so propagieren die für die Münchner Bäder verantwortlichen Stadtwerke, befinden sich weitere Kiesfilter, die dem Regenerationsbereich ständig neues Wasser zuführen, das dann auf biologische Weise gereinigt wird und in den Schwimmteich und die Becken gelangt. »Die Wasserqualität ist besser als in einem Badesee«, versichern die Verantwortlichen.

Adresse Zentralländstraße 28, 81379 München (Thalkirchen) | **Anfahrt** U3, Haltestelle Thalkirchen (Tierpark); Bus 134, Haltestelle Rupert-Mayer-Straße; Bus 135, Haltestelle Bad Maria Einsiedel | **Öffnungszeiten** täglich 9–18 Uhr | **Tipp** Gegenüber dem Schwimmbad liegen die Endstation des Floßkanals (Floßlände) und die Anlegestelle der Isarflöße sowie die Gaststätte »Zentrallände« in einer Villa aus dem 19. Jahrhundert.

74 — Die Nepalpagode und die Thailändische Sala

Asiatische Kultur fernab im Westpark

Das Konzept war von Anfang an so angelegt, dass der mit Grün nicht gerade gesegnete Münchner Westen zum Ende der Internationalen Gartenbauausstellung 1983 die auf einem verwahrlosten Brachland angelegte grüne Oase rechts und links der stark befahrenen Garmischer Straße (Mittlerer Ring) als öffentlichen Park behalten sollte. Die vielen kleinen und großen landschaftsgestaltenden Ideen, die die IGA zwischen April und Oktober 1983 für ihre elf Millionen Besucher bereithielt, gingen in den Fundus der Bürger über. Und dennoch sind sie den meisten Münchnern wieder aus dem Blick geraten, seit die IGA die Tore schloss. Den Westpark zu besuchen empfinden viele Münchner – kein Wunder bei dieser Fülle herrlicher Parks in der Stadt – als eher unzumutbaren Angang oder haben diesen Park schlicht vergessen. Dabei schlummern dort einige sehenswerte Schätze, die nicht nur den unmittelbaren Nachbarn des Westends oder Sendlings vorbehalten sein sollten. Aus den einstigen »Gärten der Nationen« sind vor allem die asiatischen Highlights geblieben.

Der japanische Garten war ein Geschenk von Münchens Partnerstadt Sapporo, der chinesische Garten eine Gabe der Volksrepublik China. Optisch herausragend sind aber die nepalesische Pagode und die neun Meter hohe Thailändische Sala mit einer Buddha-Statue. Der Münchner Architekt Jochen Reier ließ die von ihm entworfene Pagode in Nepal in monatelanger Kleinarbeit von 200 Handwerkern schnitzen und setzte sie in München dann zusammen. Regelmäßig finden seither in der Pagode die buddhistischen Voll- und Neumondfeiern des Buddhistischen Zentrums München statt. Die Thailändische Sala, ein traditioneller Pavillon, wie man ihn in Thailand auf dem Gelände buddhistischer Tempel findet, steht scheinbar schwimmend auf einer Plattform inmitten eines Sees. Der nach allen Seiten offene Pavillon lädt zum Meditieren und zur Muße ein.

Adresse Preßburger Straße oder Westendstraße 305 (Rosengarten), 81377 München (Sendling-Westpark) | **Anfahrt** U6, Haltestelle Westpark; U4/5, Haltestelle Heimeranplatz; Tram 18, Haltestelle Ammerseestraße oder Stegener Weg | **Öffnungszeiten** ganzjährig geöffnet | **Tipp** Am östlichen Rand des Westparkgeländes steht die Rudi-Sedlmayer-Halle, die einem UFO gleiche olympische Basketballhalle von 1972. An der Fürstenrieder Straße etwas südlich liegt der sehenswerte Waldfriedhof.

75 _ Der Neubau der Akademie
Schräges Neues neben geradem Alten

Die bayerischen Könige hatten immer Sinn fürs Schöne, haben stets viel Geld in die Künste gesteckt und sich meist mit den besten Künstlern und Baumeistern umgeben. Ursprünglich gegründet wurde die Akademie der Bildenden Künste 1770 als »Zeichnungsschule respective Maler- und Bildhauerakademie« durch Kurfürst Max III. Joseph. Immer fungierte die Akademie gleichermaßen als Ausbildungsstätte und Künstler-Gesellschaft, als Ratgeber in künstlerischen Angelegenheiten für den kulturbesessenen Königshof und die staatliche Verwaltung.

Nach fast zehnjähriger Bauzeit wurde 1886 die von Gottfried von Neureuther im Stil der Neorenaissance gebaute, lang gestreckte Kunstakademie mit ihrer zentralen Freitreppe und den geschwungenen Auffahrtsrampen direkt neben dem Siegestor in der Akademiestraße eröffnet. Für 300 Studenten, als Grenzmarke zum alten Künstlerviertel Schwabing. Rasch gehörte die Akademie neben ihren Pendants in Düsseldorf und Paris zu den renommiertesten Kunstschulen Europas. Franz von Stuck, Wilhelm von Kaulbach und Franz von Lenbach lehrten hier, Wilhelm Busch, Wassily Kandinsky, Paul Klee, Elisabeth Ney und Lovis Corinth waren unter den Studenten.

Doch der imposante Gründerzeitbau, so mächtig er sich auch präsentierte, platzte immer mehr aus allen Nähten. Mit dem lange diskutierten und schließlich spektakulär umgesetzten Erweiterungsbau durch das Wiener Architektenbüro Coop Himmelb(l)au, das den Wettbewerb unter 178 Architekturbüros gewann, änderte sich die Lage. Im Oktober 2005 wurde der mit einem sich über alle Stockwerke erstreckenden zentralen Innenhof und einer kompletten Dach- und Seitenverglasung architektonisch raffinierte und technisch hochkomplexe Bau dem Universitätsbetrieb übergeben. Nach der 2008 fertiggestellten aufwendigen Grundsanierung des Alten Akademiegebäudes finden heute rund 700 Studenten nahezu optimale Studien- und Arbeitsbedingungen vor.

Adresse Akademiestraße 2–4, 80799 München (Maxvorstadt) | **Anfahrt** U3/6, Haltestelle Universität | **Öffnungszeiten** Altbau: Mo–Fr 7–21 Uhr, Sa 10–17 Uhr. Neubau: Mo–Fr 7–20 Uhr | **Tipp** In der Akademiegalerie im Zwischengeschoss der U-Bahn Station Universität, Professor-Huber-Platz 1, sind überwiegend Arbeiten der Studenten der Akademie zu sehen. Das Architekturbüro Coop Himmelb(l)au hat auch die 2007 eröffnete BMW Welt mit ihrer futuristischen Dachkonstruktion am Petuelring gebaut.

76 Die Ost-West-Friedenskirche
Der liebenswürdigste Schwarzbau Münchens

Diese Oase des Glaubens, oder besser der Andacht, erreicht man nur zu Fuß. Und das war immer so, seit Leben in den Park kam. Denn hinter dem Tollwood-Gelände im südlichen Teil des Olympiaparks, lange bevor es das Kulturfestival gab, tat sich seit Jahrzehnten Schräges. Bereits in den 1950er Jahren ließ sich hier der 1894 am Don geborene russische Eremit Timofei Wassiljewitsch Prochorow mit seiner Lebensgefährtin Natascha nieder. Er baute aus dem Kriegsschutt des Oberwiesenfeldes, auf dem 20 Jahre später die hügelige Olympialandschaft entstehen sollte, seine Ost-West-Friedenskirche.

Mit der Erschließung des Oberwiesenfeldes für die Olympiade rückte auch »Väterchen Timofej« in den Blickpunkt der Öffentlichkeit. Es hagelte Proteste, als der Eremit vertrieben, sein illegales Wohnhäuschen und die Kirche dem Olympiagedanken weichen sollten. Kaum zu glauben, aber wahr: Des vorolympischen Friedens willen wurde das Olympiagelände in der Gesamtplanung nach Norden verschoben.

Und der Eremit blieb, avancierte zu einer bestaunten Attraktion, die auch als ein Zeichen des weltoffenen Münchens verstanden wurde. Bestaunt von den Besuchern, ungläubig hinterfragt: Wie konnte sich so jemand hier ansiedeln, bauen, pflanzen, wohnen, beten, ohne von den doch eher restriktiven Behörden hinauskomplimentiert zu werden? Aber Timofej hatte Freunde und Fürsprecher. Der Münchner Oberbürgermeister Christian Ude mochte Väterchen Timofej schon immer, ihm war sein Zuhause stets der »liebenswürdigste Schwarzbau Münchens«.

2004 starb der Eremit, der lange krank war. Mit 110 Jahren soll der Mann mit dem Rauschebart der älteste Münchner Bürger gewesen sein. Er wurde auf dem Westfriedhof begraben. Seither ist das Gelände mit der Ost-West-Friedenskirche und seiner aus Stanniolpapier verkleideten silber-glänzenden Kuppel sowie dem zum Museum umgebauten Haus Timofejs eine Gedenkstätte.

Adresse Spiridon-Louis-Ring 100, 80809 München (Milbertshofen) | **Anfahrt** U3, Haltestelle Olympiazentrum; Bus 53, Haltestelle Infanteriestraße oder Leonrodplatz; Tram 12/20/21, Haltestelle Leonrodplatz; Tram 27, Haltestelle Ackermannstraße | **Öffnungszeiten** täglich 10–16 Uhr | **Tipp** Zweimal im Jahr findet auf dem Tollwood-Gelände im südlichen Olympiapark das Tollwood-Festival statt, eine feste Institution für Musik, Theater, Kunst und Lebensfreude in einer Zeltstadt am Fuße des Olympiabergs.

77 __ Die Pfälzer Weinstube
Beschwingtes aus der königlichen Residenz

Irgendwie sind die Pfälzer Weinstuben in der Residenz seit Jahren ein Geheimtipp, vor allem unter älteren Münchnern. Einmal natürlich wegen der Gemütlichkeit des Etablissements, seines Ambientes und der moderaten Preise, aber vor allem auch aus einem anderen Grund: Das Lokal ist eine ausgewiesene »Anmache«, eine beliebte Kontaktbörse besonders unter in die Jahre gekommenen Herrschaften, aber nicht nur bei denen. Hier trifft man sich, hier lernt man sich kennen, hier geht man immer wieder hin. Ein wirklicher Insidertipp eben. So kommt es, dass rund 80 Prozent aller Gäste der Pfälzer Weinstuben Stammgäste sind, meist aus München, nur 20 Prozent sind Touristen. Irgendwie ist man unter sich. Und viele Gäste finden sich schon morgens um zehn zum Frühschoppen in der Residenz ein. Und am besten ist es, zuvor am Eingang mit der Hand über den Löwen zu streichen, den Glücksbringer.

An Wein und pfälzischen Spezialitäten, der Pfälzer Saumagen wird regelmäßig aus der Pfalz importiert, mangelt es nicht. In den Kellergewölben der Residenz lagern bis zu 60.000 Flaschen Wein aller Preisklassen und Güte, vom Schoppen- bis zum Spitzenwein, die gesamte Palette des Pfälzer Weinanbaugebietes, der Deutschen Weinstraße. 80 verschiedene Weine werden ausgeschenkt, 150.000 Liter im Jahr. Bestellt wird meist nach Nummern. »Den Dreier, bittschön!« Übrigens: Es gibt einen Straßenverkauf zum halben Flaschenpreis.

Im Zentrum der Pfälzer Weinstube, einer der schönsten Gaststätten Münchens, steht die repräsentative Renaissance-Säulenhalle oder auch Pfalzgrafensaal genannt. Im Sommer wird auch im Garten des Kaiserhofs der Residenz ausgeschenkt. Bier gibt es nicht.

Die Pfälzer Weinstube gibt es seit 1950, eine Gründung des »Landesverbandes der Pfälzer in Bayern«. Eine Reminiszenz Bayerns an die Pfalz, die traditionell zum Kernland Bayern gehörte, nach dem Krieg aber Rheinland-Pfalz zugeschlagen wurde.

Adresse Residenzstraße 1, 80085 München (Altstadt), Tel. 089/225628 | **Anfahrt** U3/4/5/6, Haltestelle Odeonsplatz; Bus 100 (Museumslinie), Haltestelle Odeonsplatz | **Öffnungszeiten** täglich 10–0.30 Uhr | **Tipp** Einige Meter weiter in der Ludwigstraße das Kontrastprogramm: Münchens beste Bar, das »Schumann's«, eine andere Welt.

78 — Die Pflastersteine in der Drückebergergasse
Hier entging man dem Hitlergruß

Die etwa 50 Meter lange Verbindungsstraße zwischen der Theatiner- und der Residenzstraße, gleich hinter der Feldherrnhalle und dem Preysing Palais, hat auf ihre Weise Geschichte geschrieben. Die nach dem italienisch-schweizerischen Barockbaumeister Giovanni Antonio Viscardi benannte Gasse hatte nämlich auch einmal den Namen »Drückebergergasse« inne.

Und das kam so: An der Ostseite der Feldherrnhalle, hin zur Residenzstraße, wurde 1933 von den Nazis eine Gedenktafel angebracht, die an die Gefallenen des gescheiterten Hitler-Ludendorff-Putsches gegen die Weimarer Republik vom 9. November 1923 erinnern sollte – flankiert von Fackeln und einer ewigen SS-Mahnwache. Faschistische Marschkolonnen waren nach dem Putsch-Abend im Bürgerbräukeller am Gasteig durch die Münchner Innenstadt gezogen und vor der Feldherrnhalle von der Landespolizei gestellt worden. Der Putschversuch wurde niedergeschlagen – 16 tote Putschisten, vier tote Polizisten.

Für die Nazis wurde die Feldherrnhalle danach zu einer Art Weihestätte mit Aufmärschen, Kundgebungen, Vereidigungen – mit Folgen für die Münchner. Denn wer an dem Putsch-Denkmal und der ständigen SS-Ehrenwache vorbeiwollte, war verpflichtet, die rechte Hand zum Hitlergruß zu erheben. Vielen Münchnern war das zuwider, sie »drückten« sich, indem sie die Residenzstraße an dieser Stelle mieden, lieber den kleinen Umweg durch die Viscardigasse zur Theatinerstraße nahmen und somit westlich an der Halle vorbeigingen. Eine vom Künstler Bruno Wank 1995 in das Straßenpflaster eingelassene 18 Meter lange Bronzespur erinnert heute an diese Form des zivilen Ungehorsams vieler Münchner. Und eine in der Fassade der Residenz gegenüber der Feldherrnhalle installierte Tafel gedenkt der vier beim Putschversuch gefallenen bayerischen Polizisten.

Adresse Viscardigasse (hinter der Feldherrnhalle), 80333 München (Altstadt) | **Anfahrt** U3/6, Haltestelle Odeonsplatz oder Marienplatz | **Tipp** Das Palais des Grafen Johann Maximilian IV. von Preysing-Hohenaschau (Preysing Palais) in der Residenzstraße ist der bedeutendste Münchner Stadtpalast des 18. Jahrhunderts.

79 — Die Plattform auf dem Alten Peter

Panoramablick von Münchens ältester Kirche

Eigentlich sind es immer die anderen, die man oben in 56 Meter Höhe auf der Plattform des Alten Peter stehen sieht. Dabei sollte man unbedingt selbst einmal die 306 Stufen erklimmen. Ein optisches Erlebnis! Der Blick über die Dächer Münchens und die um das Kirchenschiff herum liegenden Plätze Marienplatz, Rindermarkt und Viktualienmarkt lohnt den Aufstieg. Und bei Föhnwetter kann man bis zu 100 Kilometer weit und die Alpenkette zum Greifen nah sehen.

Die auf dem winzigen Petersbergl thronende Kirche St. Peter ist die älteste Pfarrkirche Münchens. Daher der Name »Alter Peter«. Schon im 11. Jahrhundert stand hier auf der einzigen Erhebung der historischen Altstadt, so fand man bei Grabungen 1959 heraus, ein romanisches Gewölbe, auf dem die heutige Kirche errichtet wurde. Sie wurde allerdings im Laufe der Jahrhunderte immer wieder umgebaut und erweitert, daher die zahlreichen Stilrichtungen im Innern der Kirche. Die heutige Anmutung geht auf die Rokokoumbauten des 18. Jahrhunderts zurück. Das Äußere repräsentiert die Renaissancezeit des 14. Jahrhunderts. Restaurierung und Wiederaufbau wurden 1975 beendet.

Im Zentrum der Peterskirche steht der von Egid Quirin Asam und anderen vergoldete barocke Hochaltar aus den Jahren 1730 bis 1734. Ignaz Günther schuf die beiden Seitenaltäre und einige andere bedeutende Kunstwerke, Johann Baptist Zimmermann die Deckenfresken und die meisterliche Stuckierung des Chores.

Der Alte Peter zieht magisch Gewitter und Blitze an. Im Laufe der Jahrhunderte gab es durch Blitzeinschläge in den Turm und auch ins Langhaus immer wieder Brände und Zerstörungen. Die letzten Einschläge liegen gerade mal zehn Jahre zurück. Die sieben Glocken im 91 Meter hohen Petersturm über dem Viktualienmarkt bestimmen maßgeblich den »Sound« der Altstadt.

Adresse Rindermarkt 1, 80331 München (Altstadt) | **Anfahrt** U3/6, Haltestelle Marienplatz | **Öffnungszeiten** In der Sommerzeit: Mo–Fr 9–18.30 Uhr, Sa, So, feiertags 10–18.30 Uhr. In der Winterzeit wird eine Stunde früher geschlossen. | **Tipp** Es empfiehlt sich ein Besuch des Inneren der Kirche und der Schatzkammer mit einer anschließenden Brotzeit auf dem Viktualienmarkt.

80 — Das Praterkraftwerk
Neue Energie für die Isar

Das jüngste Wasserkraftwerk der Isar wurde 2010 ausgerechnet mitten in München errichtet. Aber eines, das es in sich hat und das die Isar kurz oberhalb der Praterinsel zu einem optischen und akustischen Vergnügen macht. Hier entstand im Zuge eines auf Jahre ausgelegten Planes zur Renaturierung der Isar das wahrscheinlich modernste deutsche Wasserkraftwerk. Anders als die traditionellen Wasserkraftwerke der Stadtwerke München, die zwischen 1908 und 1923 errichteten Isarwerke 1 bis 3 am Werkkanal oder das kleinere Maxwehr am Auer Mühlbach, wurde das neue Praterkraftwerk unterirdisch im Flussbett der Isar gebaut, eingebettet unter den Kaskaden an der Maximiliansbrücke.

Dabei haben sich die Planer das auf Höhe der Praterinsel natürliche Gefälle der Isar von neun Metern zunutze gemacht, entstanden durch den Aufstau am 1888 erbauten Praterwehr zur Ableitung des Hochwassers, das auch das Wasser für den Eisbach abzweigt, und die Großen Kaskaden der Isar. Von Beginn an hatten bei diesem Projekt die Gesichtspunkte des Natur- und Gewässerschutzes sowie die Stadtgestaltung oberste Priorität. Es durften mit dem neuen Einlaufbauwerk und dem Turbinenauslauf rund um die Praterwehrbrücke weder die Gewässerökologie noch der Fischbestand gefährdet werden. Und es musste für die flacheren Stellen der die Praterinsel umschließenden Isar immer genügend Wasser garantiert werden.

Das unterirdische Wasserkraftwerk erzeugt durch das in einem unter dem Flussbett durch einen Stollen fließende Isarwasser eine Leistung von rund 10.000 Kilowattstunden, mit der pro Jahr 4.000 Haushalte mit Strom versorgt werden können. Mit Ökostrom versteht sich, klimafreundlich, regenerativ. Die unterirdische Hightech-Turbine wurde speziell für dieses Kraftwerk entwickelt. Und die Kaskaden der Isar präsentieren sich hinter der Maximiliansbrücke schön wie nie.

Adresse Widenmayerstraße, an der Maximiliansbrücke, München (Lehel) | **Anfahrt** Tram 17/19, Haltestelle Maxmonument | **Tipp** Vorbei am Maxmonument erreicht man in der Maximilianstraße 42 das Staatliche Museum für Völkerkunde.

81 Der Roßmarkt und der Rindermarkt

Viechereien in der Innenstadt

Den Roßmarkt kennen die meisten Münchner nicht. Woher auch? Und damit auch nicht die beiden monumentalen Bronzepferde, die unweit des Sendlinger Tors in einer gesichtslosen Backstein- und Betonwüste vor sich hin weiden. Immer an derselben Stelle, niemals wiehernd. Man stößt nur zufällig auf sie im begehbaren Hof des Kommunalreferates. Die 1982 vom in Starnberg lebenden Bildhauer Claus Nageler gestaltete Skulptur soll an den bis 1805 hier abgehaltenen Pferdemarkt erinnern. Später fand er in den neuen Hallen des Schlachthofs unter der Bezeichnung »Roßmarkt« statt. 2006 gab es den letzten Münchner Pferdemarkt, der dann nach Miesbach verlegt wurde.

Munterer als am Roßmarkt ist das Treiben da schon am Rindermarkt zwischen Oberanger und Marienplatz, vor allem, wenn man die letzten abendlichen Sonnenstrahlen der Innenstadt erhaschen will, die hier am Rindermarktbrunnen am längsten wärmen. Oder nach einem Einkaufsbummel die Füße ins kaskadenhaft sprudelnde Wasser hängt, um zu relaxen. Denn der Brunnen und die Brunnenterrasse sind ein beliebter Rast-, Ruhe- und Tummelplatz vor allem für jüngere Besucher, ohne dass die meisten eigentlich genau wissen, was es mit den Rindern auf sich hat.

Hier am Rindermarkt, dieser historischen Straße aus den Frühzeiten Münchens, befand sich der einstige Viehmarktplatz der Stadt. Daran erinnern soll der sitzende Hirte, der drei Rinder über einem sprudelnden Brunnenbecken bewacht, eine 1964 entstandene Skulptur des Bildhauers Josef Henselmann. In späteren Zeiten, lange nach dem Viehmarkt, wurden am Rindermarkt hochherrschaftliche Häuser errichtet, von denen nach schweren Zerstörungen im Zweiten Weltkrieg das Ruffinihaus mit seinen Malereien und Fresken heute das eindrucksvollste Beweisstück ist. Besonders attraktiv am Rindermarkt ist zur Weihnachtszeit der Münchner Kripperlmarkt.

Adresse Roßmarkt 3 und Rindermarkt 1, 80331 München (Altstadt) | **Anfahrt** U1/2/3/6, Haltestelle Sendlinger Tor; U3/6 Haltestelle Marienplatz | **Öffnungszeiten** immer begehbar | **Tipp** Man sollte sich den restaurierten Löwenturm nahe dem Alten Peter, den Rest der ältesten Stadtbefestigung Münchens, anschauen. Einen Besuch wert ist das traditionsreiche »Spanische Früchtehaus« am Rindermarkt 10.

82 — Die Ruhestätte des Carl Spitzweg

Der Maler des »Armen Poeten« auf dem Alten Südfriedhof

So viel Prominenz liegt auf keinem anderen Münchner Friedhof. Wenn man an den Gräbern und opulenten Grabsteinen des einstigen Giesinger Pestfriedhofs vorbeiflaniert, hat man das Gefühl, über einen gigantischen Münchner Stadtplan zu wandeln. Kaum eine wichtige Straße der Stadt, ein Platz oder ein Gebäude, das nicht nach einem der hier Ruhenden benannt wurde. Hier liegen die Vordenker, die Schöpfer, die Gestalter Münchens, seine Geistesgrößen. Und hier liegt auch der große Maler der Spätromantik, Carl Spitzweg (1808–1885), der nach dem Willen seines Vaters eigentlich Apotheker werden sollte. Er studierte Pharmazie, Botanik und Chemie mit Bravour. Doch seine Leidenschaft galt von klein auf dem Malen.

Mit 15 Jahren begann er zu malen, ab 1824 mit Ölfarben. Durch seine Apothekerausbildung verstand er es, besondere Farben zu mischen und herzustellen. Sein ganz spezielles helles Blau gilt Experten heute noch als unerreicht. Spitzweg war reiner Autodidakt, eine künstlerische Ausbildung hatte er nie. 1833 entschied er sich, den Apothekerberuf aufzugeben und hauptberuflich Maler zu werden, 1835 wurde er Mitglied im Münchner Kunstverein. Bereits 1837 entstand der »Arme Poet«, in dem er pointiert den hehren Dichter in seinen armseligen Verhältnissen verewigte, das wahrscheinlich bekannteste Werk seines 1.500 Bilder und Zeichnungen umfassenden Œuvres. 1868 wurde Spitzweg Ehrenmitglied der Münchner Akademie der Bildenden Künste. Seit seiner Jugend lebte Spitzweg in einer eher heruntergekommenen Wohnung am heutigen Jakobsplatz, wo er in einer Dachkammer seine bedeutendsten Werke schuf.

Der unweit des Sendlinger Tors zwischen Thalkirchner- und Pestalozzistraße gelegene Alte Südfriedhof wurde 1563 als Pestfriedhof vor den Toren der Stadt angelegt. Seit 1788 war er Münchens Zentralfriedhof und einzige städtische Begräbnisstätte.

Adresse Thalkirchner Straße 17, Grab 5-17-10, 80331 München (Isarvorstadt) | **Anfahrt** U1/2/3/6, Tram 16/17/18/27, Bus 52, Haltestelle Sendlinger Tor; Bus 152, Haltestelle Stephansplatz | **Öffnungszeiten** Okt.–Feb. 8–17 Uhr, März, Sept. 8–18 Uhr, April–Aug. 8–19 Uhr | **Tipp** Carl Spitzwegs Kunst ist in der Pinakothek der Moderne zu bewundern. Hier hängt auch der »Arme Poet«. Lohnenswert auf dem Friedhof: das Denkmal zur Mordweihnacht von 1705 für die rund 700 hingemetzelten Bauern und Handwerker.

83 Die Rupert-Mayer-Büste
Die Verehrung eines aufrechten Mannes

Nahezu jede Person, deren Weg durch die Bürgersaalkirche am Denkmal von Pater Rupert Mayer vorbeiführt, hält kurz inne. Dann streicht unwillkürlich die Hand über die linke Brusthälfte, ans Herz der bronzenen Büste des unvergessenen Paters, meist liebevoll, voller Anerkennung und Ehrfurcht. Ein Ritual – Hunderte Mal am Tag, sodass die Bronze, blank poliert, immer intensiver glänzt. Pater Rupert Mayer wird in München verehrt, und deshalb war es folgerichtig, dass er nach seiner Beisetzung auf dem Ordensfriedhof der Jesuiten in Pullach 1948 in den Bürgersaal im Zentrum der Stadt überführt wurde. Denn am 1. November 1945 starb er während der Messe in der Kreuzkapelle von St. Michael an einem Schlaganfall.

Rupert Mayer (1876–1945) wurde 1921 Präses und Prediger der »Marianischen Männerkongregation Mariä Verkündigung«, einer Vereinigung katholischer Männer. 1926 stieg er zum Präfekten und Kirchenvorstand am Bürgersaal auf. Schon frühzeitig geriet er durch mutige Predigten und Aktionen mit den herrschenden Nationalsozialisten in Konflikt. 1937 verhängte die Gestapo ein Redeverbot für das gesamte Reichsgebiet gegen ihn. Wegen dessen wiederholter Nichtbeachtung kam Pater Mayer in der Gestapo-Zentrale im Wittelsbacher Palais und im Gefängnis Stadelheim in Haft. 1938 wurde er ins Gefängnis Landsberg am Lech eingeliefert, wegen »heimtückischer Angriffe auf Partei und Staat und Kanzelmissbrauch«. 1939 wurde er schließlich ins KZ Sachsenhausen überführt. 1940 stellten die Nazis Pater Mayer wegen seines bedrohlichen Gesundheitszustandes unter Hausarrest im Kloster Ettal und erlegten ihm ein strenges Betätigungsverbot auf. 1945 kehrte er nach München zurück.

Rupert Mayer wurde 1987 durch Papst Johannes Paul II. bei dessen zweitem Deutschlandbesuch während eines Gottesdienstes im Olympiastadion als »Priester des standhaften Glaubens« seliggesprochen.

Adresse Neuhauser Straße 14, 80333 München (Altstadt) | **Anfahrt** U3/6, Haltestelle Marienplatz; U3/4/6, Haltestelle Odeonsplatz | **Öffnungszeiten** Unterkirche: täglich 7–19 Uhr. Oberkirche: täglich 10.30–12 Uhr. Museum: täglich 10–12 Uhr und 16–18.30 Uhr, Do bis 21 Uhr. Eintritt frei | **Tipp** Der 1709/10 errichtete Bürgersaal besteht aus einer krypta-ähnlichen Unter- und einer lichtdurchfluteten barocken Oberkirche. Sehenswert ist die Schutzengelgruppe von Ignaz Günther. Das Museum enthält auch das sagenumwobene »Augustiner-Kindl«, eines der bedeutendsten barocken Gnadenbilder Bayerns.

84 Der Schelling-Salon
Tischtennis und Billard in der ungewöhnlichen Eckkneipe

Zahlreiche Billardtische, unsystematisch im riesigen Lokal angeordnet, mit grünen, blauen und roten Filzbezügen. Poolbillardtische und einige für Dreiband-Billard. Eine Empore mit großen bunten Glasbausteinen, mosaikartig angelegt, von unten beleuchtet. Auf der Empore sitzen Grüppchen, spielen Skat oder Schafskopf. Im Keller stehen Tischtennisplatten, fast immer umlagert. Das Publikum ist durchwachsen, viele ältere Semester, aber noch mehr junge, Studenten. Kein Wunder, hier im Univiertel. Einige sitzen an runden und eckigen Holztischen, vor großen Kalbsschnitzeln, bei einer Hellen oder einem Weißbier. Die riesigen Gardinen an beiden Straßenfronten sind in den Farben Gelb und Schwarz gehalten, den Münchner Stadtfarben, über der Tür hängt ein großes, golden angestrahltes Medaillon von Friedrich Wilhelm Joseph von Schelling, dem bedeutenden Vertreter der Philosophie des Deutschen Idealismus und Mitglied der Münchner Akademie der Wissenschaften sowie Namensgeber des Etablissements.

Der Boden ist gekachelt, die Stuckdecke wird von eckigen Säulen getragen. Alles ein wenig im Stil eines Wiener Café-Restaurants. Das war schon das Konzept im Jahr 1900. An den Wänden hängen überall alte Schwarz-Weiß-Fotografien mit Motiven aus der Maxvorstadt und Schwabing und aus der Geschichte des Lokals. Der Schelling-Salon bleibt sich seit Jahrzehnten treu, allem Bistro- und Weinbarwahn Schwabings zum Trotz, hat vieles und viele kommen und gehen sehen und alles und alle überlebt.

Seit 1872 ist der Schelling-Salon in vierter Generation in der Hand der Familie Mehr. Zu den Gästen gehörten viele Berühmtheiten: Lenin, Berthold Brecht, Rainer Maria Rilke, Wassily Kandinsky, Franz Marc, Joachim Ringelnatz und der frühere bayerische Ministerpräsident Franz Josef Strauß, der als Kind der Schellingstraße schon in seiner Jugend für den Vater stets das dunkle Bier im Schelling-Salon holen musste.

Adresse Schellingstraße 54, 80799 München (Maxvorstadt) | **Anfahrt** U3/6, Haltestelle Universität; Tram 27, Haltestelle Schellingstraße | **Öffnungszeiten** täglich 10–1 Uhr, Di, Mi Ruhetag | **Tipp** Ein paar Meter weiter, in der Schellingstraße 9, findet man den »Atzinger«, ein weiteres Studentenlokal, das trotz Renovierung und Umbau seinen alten Charme bewahrt hat. Der »Alte Simpl«, Türkenstraße 57, die einstige Künstler- und Literatenkneipe, zehrt heute noch vom alten Ruhm.

85 — Das Schlösschen Suresnes
Niemand residiert schöner als die Katholische Akademie

Die meisten Münchner kennen nur die hohen Mauern und wundern sich vielleicht, wenn an lauen Sommerabenden klassische Musik an ihr Ohr dringt. Dann wird mal wieder im malerischen französischen Garten des hochherrschaftlichen Schlösschens Suresnes gefeiert. Meist sind es Events der Katholischen Akademie, die hier seit 1969 residiert, Empfänge, Kongresse, Preisverleihungen, die eine muntere Gästeschar im Herzen Schwabings an Bistrotischen versammeln. Einen Blick durchs schmiedeeiserne Tor in den barocken Garten und auf das verspielte Lustschlösschen selbst lohnt allemal. Oder man nimmt den Haupteingang der Katholischen Akademie in der Mandlstraße und bittet um einen kurzen Blick, da es von dort einen direkten Zugang zum Schlossgarten gibt. Freundliche Menschen an der Pforte verwehren diesen nicht.

Das Schlösschen Suresnes, auch Werneckschlösschen genannt, wurde zwischen 1715 und 1718 nach dem Vorbild des »Chateau de Suresnes« in der Nähe von Paris vom Architekten und Hofbaumeister Ignaz Anton Gunetzrhainer gebaut. Bauherr war der adelige Kabinettssekretär des bayerischen Kurfürsten Max Emanuel, Franz Xaver Ignaz von Wilhelm. Das in einer üppigen barocken Gartenanlage platzierte Schloss besteht aus einem dreigeschossigen Mittelbau, umrahmt von zwei Seitenflügeln. Das französische Vorbild kannte der Kabinettssekretär, da Max Emanuel hier einige Monate während seines Exils verbracht hatte und rauschende Feste gefeiert haben soll.

Zu Beginn des 19. Jahrhunderts zog gehobenes Bürgertum ins Schloss. Mitte des 19. Jahrhunderts richtete der Astronom Carl August von Steinheil hier seine Werkstatt ein. Und dann kamen die Künstler. Die Bildhauerin Elisabeth Ney hatte hier Ende 1870 ihr Atelier, der Maler Paul Klee bezog 1919 bis 1920 Atelier und Wohnung. Auch der Revolutionär Ernst Toller tauchte hier nach der Niederschlagung der Räterepublik 1919 zeitweise vor seinen Verfolgern unter.

Adresse Werneckstraße 1, 80802 München (Schwabing) | **Anfahrt** U3/6, Haltestelle Münchner Freiheit | **Öffnungszeiten** Das Schloss ist nicht zu besichtigen und nur von außen einsehbar. | **Tipp** Der in der Feilitzschstraße/Ecke Mandlstraße an das Schloss Suresnes angrenzende Viereckhof ist ein restaurierter Bauernhof aus dem 13. Jahrhundert, in dem sich heute Seminarräume der Katholischen Akademie befinden. Die im 14. Jahrhundert gebaute Sylvesterkirche in der Biedersteiner Straße, deren Innenleben im 17. Jahrhundert barockisiert wurde, war die älteste Dorfkirche Schwabings.

86 Das Schmied-von-Kochel-Denkmal

Die Sendlinger Mordweihnacht und ihre Spuren

Kein Wunder, dass die Münchner auf die Österreicher nur bedingt gut zu sprechen sind. Was sich da zu Weihnachten 1705 vor den Toren der Stadt im nahen Sendling zugetragen hat, lassen auch die Jahrhunderte nicht vergessen und den Mythen freien Lauf. Dann ist es auch nicht mehr von Bedeutung, ob es ihn wirklich in dieser Form gab, den Schmied von Kochel, wahr oder Legende, ob er das gewaltige Mannsbild war, das die Geschichte beschreibt, oder doch nur das Synonym fürs heldenhafte Durchhalten gegen einen Unterdrücker. Ob er nun Balthasar Mayer oder Balthasar Riesenberger hieß, er bleibt der Schmied von Kochel, war Anführer des Bauernaufstandes gegen die österreichischen Besatzer und ist bis heute oberbayerischer Volksheld. Der damals 70-jährige Hüne mit seiner Bärenkraft und seiner Nagelkeule fiel als letzter Mann in einem grausigen Gemetzel. Der Schlachtruf: »Lieber bayerisch sterben, als kaiserlich verderben.«

In der Nacht zum 25. Dezember 1705 richteten die Österreicher ein Massaker unter den etwa 3.000 Rebellen aus dem Voralpenland an. Deren Versuch, das im Zuge des Spanischen Erbfolgekrieges (1701–1714) durch Habsburger Truppen besetzte Bayern und München zu befreien, schlug fehl. Der Angriff der von allen Seiten auf die Stadt anrückenden, schlecht bewaffneten Bauern und Handwerker wurde zurückgeschlagen, die »Oberländer« auf der Anhöhe der heutigen Lindwurmstraße nahe der alten Sendlinger Kirche vom Feind gestellt. Ein Teil der Aufständischen wurde in der Sendlinger Mordweihnacht kaltblütig niedergemetzelt, nachdem sie die Waffen gestreckt und aufgegeben hatten. Selbst diejenigen, die unbewaffnet auf den Friedhof der Sendlinger Kirche flüchten konnten und Kirchenasyl genossen, wurden ohne Gnade niedergestreckt. Insgesamt wurden rund 1.100 Aufständische getötet. Daran erinnert die 1911 von Carl Ebbinghaus geschaffene lebensgroße Bronzestatue des Schmieds von Kochel.

Adresse Alte Sendlinger Kirche, Plinganserstraße 1, 81371 München (Sendling). Das Denkmal liegt gegenüber an der Lindwurmstraße. | **Anfahrt** U6, Haltestelle Harras | **Öffnungszeiten** Das Denkmal kann immer besichtigt werden. | **Tipp** An der Außenseite der Sendlinger Kirche St. Margaret befindet sich ein Fresko von Wilhelm Lindenschmit (1830), das an die Bauernschlacht erinnert.

87 Das Schwitzbad im Müllerschen Volksbad

Entspannen im herrlichen Jugendstil-Badehaus

Wer noch nicht im Müllerschen Volksbad war, dem sei ein Besuch dringend ans Herz gelegt. Und dann wartet Deutschlands schönstes Jugendstilbad an den Ufern der Isar im Inneren mit einem weiteren Höhepunkt auf: dem original römisch-irischen Schwitzbad. Wer sich dieses Vergnügen einmal geleistet hat, vergisst es nicht mehr. Ein Sauna- und Badevergnügen wie im alten Rom. Hier kann man sich, im Gegensatz zur klassischen Sauna, in verschieden temperierten Warm- und Heißlufträumen auf Temperatur bringen und sich anschließend unter der aus zehn Metallröhren sprühenden Kaltwasserdusche »Eiserne Jungfrau« abkühlen. Anschließend geht es in das große Dampfbad mit seinem marmorverzierten Kaskadenbrunnen.

Das nach den Entwürfen des Architekten Carl Hocheders 1901 an den Ufern der Isar eröffnete Müllersche Volksbad schrieb damals in allen Punkten Geschichte. Es galt als das schönste, größte und mit 1,8 Millionen Goldmark teuerste Schwimmbad der Welt. Als Badetempel, der die Sinne verzückte, aber auch den gestiegenen Hygieneansprüchen der Zeit Rechnung trug. So gab es im Müllerschen Volksbad neben dem großen Schwimmbecken für die Herren unter einem mit Stuck und Jugendstilornamenten verzierten Tonnengewölbe, einem kleineren Becken für die Damen, der finnischen Sauna und dem römisch-irischen Dampfbad noch eine andere Besonderheit: 86 Wannen- und 22 Brausebäder im Untergeschoss. Öffentlich zugänglich für all die, die daheim keine Bademöglichkeit hatten. Baden galt eben noch als seltener Luxus. Und dieser soziale Gedanke entsprach ganz der Intention des Stifters und Bauherrn des Bades, des Münchner Ingenieurs Karl Müller, der sich dem Gedanken verschrieben hatte, mit dem Volksbad auch ein Bad »für das unbemittelte Volk« zu schaffen. Nach jahrelanger Generalsanierung erstrahlt das Müllersche Volksbad seit 1999 in altem Gründerglanz.

Adresse Rosenheimer Straße 1, 81667 München (Haidhausen) | **Anfahrt** S1–8, Haltestelle Isartor; Tram 18, Haltestelle Deutsches Museum; Bus 132, Haltestelle Ludwigsbrücke | **Öffnungszeiten** täglich 7.30–23 Uhr, große Halle montags nur bis 17 Uhr. Sauna: täglich 9–23 Uhr. Wannen- und Brausebad: Mo 17.30–20.30, Mi, Fr 8–13.30 Uhr | **Tipp** Die weiteren Jugendstilikonen Muffatwerk und Muffathalle schließen sich an das Müllersche Volksbad an. Ursprünglich beherbergte die 1894 gebaute Muffathalle ein kombiniertes Wasser- und Heizkraftwerk.

88 Die Sckell-Säule

»Der Staub vergeht, der Geist besteht.«

Unmittelbar vor den ersten Bankreihen des Biergartens des Seehauses, auf einer kleinen Landzunge am Südostufer des Kleinhesseloher Sees, steht, weithin sichtbar, das etwa neun Meter hohe Säulendenkmal zu Ehren des aus Schwetzingen stammenden Gartenbaumeisters Friedrich Ludwig von Sckell (1750–1823), der als eigentlicher Schöpfer und Gestalter des Englischen Gartens gilt. Nach einem Entwurf von Leo von Klenze wurde es von Joseph Ernst von Bandel (1800–1876) erbaut, der später durch den Bau des Hermannsdenkmals im Teutoburger Wald berühmt wurde. Den quadratischen Sockel der von einem reliefartigen Palmettenornament überspannten Säule umläuft eine Sitzbank zum Verweilen. Von hier aus hat der Besucher die beste Sicht auf See, Inseln und Biergarten. Dazu die passenden Inschriften: »Auch Du Lustwandler ehre das Andenken des Biedermannes.« Und: »Der Staub vergeht, der Geist besteht.«

Der Englische Garten, dessen Grünanlagen auf einer Fläche von über vier Quadratkilometern und einer Länge von über sieben Kilometern zu den größten seiner Art in der Welt gehört, hatte die englischen Landschaftsgärten zum Vorbild (im Gegensatz zu den geometrischen »französischen« Gärten). Ursprünglich als reiner Militärgarten der bayerischen Armee durch den bayerischen Kriegsminister Benjamin Thompson Reichsgraf von Rumford konzipiert, befahl Kurfürst Carl Theodor 1789, große Teile des Gartens in einen Volksgarten umzuwandeln. Der Grund: In Anbetracht der Französischen Revolution und den Ängsten der bayerischen Obrigkeit, der revolutionäre Funke einer unzufriedenen Bevölkerung könne auch nach Bayern überspringen, sollten dem Volk Konzessionen gemacht werden.

1792 wurde der Park für die Münchner Bürger eröffnet. 1799 wurde der Englische Garten um die Hirschau erweitert, 1800 kamen die Militärgärten hinzu. 1804 ernannte Maximilian I. Joseph Sckell zum Leiter der neuen bayerischen Hofgärtenintendanz.

Adresse Südostufer des Kleinhesseloher Sees im Englischen Garten, 80802 München (Schwabing) | **Anfahrt** U3, Haltestelle Münchner Freiheit; U6, Haltestelle Dietlindenstraße; Bus 144, Haltestelle Osterwaldstraße | **Tipp** Ein Besuch des Werneck-Denkmals mit seinen integrierten Steinbänken seitlich des Seehauses bietet sich an. Reinhard Freiherr von Werneck (1757–1842) hatte 1803 den Kleinhesseloher See ausheben und fluten lassen.

89   Die Skulptur im Linde-Hof
Die silbernen Kugelelemente des Christopher Klein

Im Jahr 2008 wurde die Zentrale der Linde AG von Wiesbaden nach München verlegt. Der Vorstand und die Zentralabteilungen zogen in einen neu gebauten, aber angemieteten Gebäudekomplex in der Münchner Innenstadt, den sogenannten Angerhof am Oberanger. Alles vom Feinsten, viel Stahl und Glas, eine futuristische Beleuchtungsinstallation von Ingo Maurer in der Empfangshalle. Und wie das bei Großunternehmen so üblich ist, musste vor allem eine nach außen wirkende repräsentative Kunst am Bau her. Eine internationale Ausschreibung erfolgte, in der den Künstlern nichts vorgeschrieben, aber dezent auf das heutige Kerngeschäft des einstigen Eismaschinenproduzenten verwiesen wurde: die Herstellung technischer Gase. Und dann haben die Juroren einen Wurf gelandet, der es in sich hat. Sie haben die Skulptur des 1962 geborenen Bildhauers Christopher Klein auserkoren und umsetzen lassen. Erstaunlich nur, dass dieses Kunstwerk bei Linde selbst so wenig Respekt erfährt. Kein Hinweisschild auf den Künstler, die Materialien, die Entstehung, keine Broschüre. Ahnungslosigkeit auf allen Ebenen.

Der in Berlin lebende Christopher Klein lässt ein aus Wasser aufsteigendes Gasmolekül zerplatzen, ein Sauerstoffteilchen, das sich ausdehnt und verflüchtigt. »Airborn« eben. Andere, kleinere Elemente schwimmen auf dem Wasser. Aber wie das umgesetzt ist! Aus einem flachen Wasserbecken steigt eine ausgefranste Kugel aus komplett gebogenem Edelstahl von über sechs Meter Durchmesser auf. Doppelwandig hochglanzpoliert. Daneben drei kleinere, aneinanderhängende Kugeln ebenfalls aus Hochglanz-Edelstahl, umgesetzt mit einer laservermessenen und computergesteuerten Technik. Für den Betrachter heißt das: Mit jedem Blick hat er neue Anmutungen durch eine faszinierende Spiegelung, egal von wo und wie er schaut. Immer steht die Welt Kopf. Die gewaltige Installation wiegt zwölf Tonnen und wurde in drei Teilen mit einem Schwerlastkran über die Dächer gehievt, im Hof verschweißt und aufwendig poliert.

Adresse Klosterhofstraße 1, 80331 München (Altstadt) | **Anfahrt** U3/6, Haltestelle Marienplatz oder Sendlinger Tor | **Öffnungszeiten** täglich 7–22 Uhr durch ein unscheinbares Tor zum Angerhof | **Tipp** In wenigen Schritten ist man am Jakobsplatz, wo sich ein Besuch des Filmmuseums im Stadtmuseum lohnt. Sehenswert ist auch das Jüdische Museum.

90 Das Stadion an der Grünwalder Straße

Kultstätte großer Fußball-Triumphe

Das Stadion an der Grünwalder Straße, auf Giesings Höhen, ist für die Fans des TSV 1860 zum gefühlten Wohnzimmer auf Lebzeiten geworden, selbst wenn der Verein dort längst nicht mehr spielt. Denn nirgends hat sich die eingeschworene 1860er-Gemeinde historisch besser gefühlt und größere Triumphe zelebriert als in ihrem Sechzger-Stadion. Mit dem Olympiastadion und der neuen Allianz-Arena des ewigen Konkurrenten FC Bayern wurden sie nie richtig warm, wenngleich es vereinzelt sportliche Highlights am Oberwiesenfeld und in Fröttmaning gab. Für einen Löwen-Fan geht eben nichts über die Atmosphäre dieses Stadions, das bis zur Eröffnung des Olympiastadions 1972 die wichtigste Sportstätte der Stadt war.

Die Geschichte des Stadions an der Grünwalder Straße ist so wechselvoll wie die ihres Hausvereins, seit hier im April 1911 die Sechzger erstmals einliefen und 4:0 gewannen. Das Stadion wurde in seiner Geschichte über ein halbes Dutzend Mal grundlegend umgebaut und renoviert. 1937 musste es der TSV 1860 an die Stadt verkaufen. In seinen Hochzeiten, als es hier sogar Länderspiele und große Europacupabende gab, fanden rund 52.000 Zuschauer Platz. Die »Löwen« wurden 1966 im Stadion an der Grünwalder Straße Deutscher Meister, spielten hier Europapokal. Bis 1972 kickte auch der FC Bayern im Grünwalder Stadion, wurde hier zweimal Deutscher Meister und spielte rund 20 Europapokalspiele. Am 22. Mai 2005 fand zum letzten Mal ein Zweitligaspiel auf Giesings Höhen statt.

Einstimmig beschloss im Dezember 2009 der Münchner Stadtrat, das Stadion langfristig zu erhalten und bis 2014 gründlich zu sanieren, ausgelegt für 12.000 Zuschauer. Erst- und Zweitligaspiele der Herren wird es nicht mehr geben, aber es wird das »Zentralstadion« für die Amateure des TSV 1860 und des FC Bayern, für die Frauenmannschaft des FC Bayern und für die dritte Liga.

Adresse Grünwalder Straße, unmittelbar am Mittleren Ring, 81547 München (Giesing) | **Anfahrt** U1, Haltestelle Wettersteinplatz; Tram 15/25, Haltestelle Wettersteinplatz | **Öffnungszeiten** bei Spielbetrieb | **Tipp** Von hier aus können Fußballbegeisterte die Trainingsstätten des TSV 1860 München, Grünwalder Straße 114, oder die des FC Bayern in der Säbener Straße 51–57 besuchen.

91 Das Städtische Hochhaus
Hier fährt Münchens letzter Paternoster

Moderne Architektur in München: 1929 war das damalige Technische Rathaus in der Blumenstraße der letzte Schrei und das erste Münchner Hochhaus überhaupt. Südlich des Sendlinger Tors, am Rand der historischen Altstadt, steht der rote Blankziegelbau des Architekten Hermann Leitenstorfer (1886–1972) als Ausdruck moderner Architektur der Zwanziger Jahre des letzten Jahrhunderts. Leitenstorfer, selbst Stadtbaurat in München, wollte durch ein gemeinsames Verwaltungsgebäude alle technischen Ämter und Abteilungen der Stadt unter einem Dach versammeln.

Zwischen 1927 und 1929 wurde das »Städtische Hochhaus«, so wie es immer genannt wird, im Angerviertel auf dem Grund des 1871 abgerissenen Angertors als Stahlskelett-Konstruktion mit Backsteinverblendung errichtet. Funktional, auf zwölf Stockwerke ausgelegt, 45 Meter hoch. Werkstoffe der Fassade waren Ziegel und Nagelfluh, vor allem für den Sockel und die Arkaden. So sollte das Hochhaus mit anderen Münchner Bauwerken korrespondieren, insbesondere mit der Frauenkirche. Bis heute passt das Städtische Hochhaus trotz seines extravaganten Baustils in die städtische Landschaft und ist dort nicht mehr wegzudenken. Vor allem wartet das Städtische Hochhaus mit einer echten Attraktion auf: Es ist das letzte öffentliche Gebäude in München, das einen Paternosteraufzug besitzt.

Mit der Eröffnung des neuen Technischen Rathauses in Berg am Laim 2000 verlor das Städtische Hochhaus seine ursprüngliche Nutzung. Heute wird es von vielen Münchnern auch »Altes Technisches Rathaus« genannt und ist nun Sitz des Münchner Stadtplanungs- und Baureferats. Bis heute ist in München, und das wurde in einem Bürgerbegehren 2004 noch einmal bestätigt, die Richtmarke im Hochhausbau: eine Höhe von 100 Metern. Das ist die Höhe der Frauenkirche. Ein enges architektonisches Korsett, das sich die Stadt da angelegt hat.

Adresse Blumenstraße 28b, 80331 München (Altstadt) | **Anfahrt** U1/2/3/6, Haltestelle Sendlinger Tor; Tram 17/18/27, Haltestelle Müllerstraße; Bus 52/152, Haltestelle Blumenstraße | **Öffnungszeiten** des Referats, Fahrten mit dem Paternoster sind erlaubt. | **Tipp** Weitere interessante Hochhäuser neueren Datums in München sind das »Uptown Munich«, mit einer Höhe von 146 Metern das höchste Haus Münchens, und die »Highlight Business Towers«. Das Hypo-Hochhaus im Arabellapark mit 114 Metern Höhe überschritt 1981 erstmals die magische Grenze von 100 Metern, das 1972 fertiggestellte BMW-Hochhaus blieb mit 99 Metern knapp darunter.

92 Das Standbild des Grafen Montgelas

»Alter Knabe« ganz modern

Es gibt in München unzählige Denkmäler, Statuen und Monumente. Aber kaum eines ragt durch seine modernistisch gelungene Art so heraus wie das Montgelas-Denkmal auf dem Promenadeplatz unmittelbar vor dem Montgelas-Palais. Die sechs Meter hohe silbernglänzende Aluminiumskulptur für Maximilian Joseph Graf von Montgelas (1759–1838) wurde 2005 von der Berliner Bildhauerin Karin Sander nach Abbildern digital errechnet und computergesteuert aus einem Aluminiumblock gefräst. Umrundet man die Statue, hinterlassen die tief ins Aluminium eingelassenen Rillen eine immer wieder aufs Neue irritierende Anmutung. Widersprüchlich wie Graf von Montgelas selbst.

Denn der bayerische Jurist, Politiker und Staatsreformer, von 1799 bis 1817 Minister unter dem Kurfürsten und späteren König von Bayern Maximilian I., entwickelte, beeinflusst durch Aufklärung und Französische Revolution, die Modernisierung der Verwaltung und des bayerischen Staatswesens maßgeblich. Er erließ die erste bayerische Verfassung, führte die Schulpflicht ein, schaffte Steuerrechte und Vorrechte des Adels ab und erließ ein liberales Strafgesetzbuch. Unter seine Ägide in Bayern gehören auch die radikale Durchführung der Säkularisation und die Gleichstellung der christlichen Konfessionen, vor allem der Protestanten. Die 1808 von Montgelas entworfene Verfassung verlangte die Gleichheit aller, tastete allerdings die absolutistische Machtfülle des Monarchen nicht an.

Der mächtige Universalminister ließ sich 1811 bis 1813 in unmittelbarer Nachbarschaft zahlreicher weiterer Adelspalais von Joseph Emanuel d'Herigoyen eine in klassizistischem Stil gehaltene Stadtresidenz bauen. Heute ist das Montgelas-Palais Teil des 1841 erbauten Nobelhotels Bayerischer Hof und verschiedener Geschäfte. Der Promenadeplatz gehört heute zu den repräsentativsten Plätzen Münchens.

Adresse Promenadeplatz 2, 80333 München (Altstadt) | **Anfahrt** U3/6, Haltestelle Marienplatz | **Tipp** Unbedingt besuchen sollte man an der Pacellistraße auch die Dreifaltigkeitskirche, 1716 vollendet, ein Meisterwerk Giovanni Viscardis. Innen reinstes bayerisches Rokoko mit Fresken von Cosmas Damian Asam.

93 Das Standesamt in der Mandlstraße

Der schönste Ort für Jasager

Jenseits des Schwabinger Baches im westlichen Teil des Englischen Gartens, unweit des Kleinhesseloher Sees, begegnet man immer wieder Hochzeitsgesellschaften. Am helllichten Tag, vorzugsweise bei strahlendem Wetter. Kleine weiße Partyzelte, üppige Büfetts an langen Biergartentischen, Musik. Die Braut und ihr Angetrauter halten Hof. Das Ganze eine Nummer kleiner. Ein kleines Grüppchen lässt das Brautpaar hier im Park hochleben, macht die für die Ewigkeit bestimmten Fotos. Oder das Brautpaar ganz vertraut, die Trauzeugen sind noch da, lassen hier im Park die Champagnerkorken knallen.

Allen hier Feiernden ist eines gemein. Sie haben eben geheiratet, in Münchens schönstem Standesamt. Über 100.000 Mal wurde sich in der Mandlstraße das Jawort gegeben, seit der Trausaal 1953 eröffnet wurde. Und alle unterschrieben unisono: Schöner kann man in München nicht heiraten. Und wer nicht zu heiraten gedenkt, sollte sich dieses schönste Standesamt der Stadt zumindest einmal ansehen.

Ein adeliger russischer Emigrant war es, der sich diese neuklassizistische Portikusvilla nach dem Ersten Weltkrieg 1922 bis 1923 hatte bauen lassen. Dann geriet er in finanzielle Schwierigkeiten, war pleite und vermachte das Anwesen der Stadt. Ewig stand die Villa leer, bis zu Beginn der 1950er Jahre das Standesamt hier Einzug hielt. Mit allem, was dazugehörte, der ganzen Verwaltung, dem Archiv für Familienbücher.

Seit 1998 ist das anders. Da wurde auch beim Heiraten rationalisiert und konzentriert. Das zentrale Standesamt der Stadt befindet sich nun in der Ruppertstraße, angeschlossen an das Kreisverwaltungsreferat. Alle anderen Standesämter wurden aufgelöst. Nur der Mandlstraße ist nach allerlei Protesten der repräsentative Trausaal geblieben. An fünf Tagen der Woche rücken nun die Standesbeamten an, um die Bünde fürs Leben zu schließen.

Adresse Mandlstraße 14, 80802 München (Schwabing), Tel. 089/233-96060 | **Anfahrt** U3/6, Haltestelle Giselastraße; Bus 54/154, Haltestelle Thiemestraße | **Öffnungszeiten** nach Vereinbarung, getraut wird täglich außer Dienstag und Samstag. | **Tipp** Der gemütliche »Osterwaldgarten« mit Gasthaus und schattigem Biergarten liegt nur wenige Meter entfernt. Dem Biergarten gegenüber befindet sich das urige »Gästehaus am Englischen Garten«, ein bezahlbares Hotel mit Flair.

94 Die Steinerne Bank
Eigentlich sollte hier der Apollo-Tempel stehen

»Hier wo ihr wallet, da war sonst Wald nur und Sumpf.« So steht's auf der von Leo von Klenze (1784–1864) im Jahr 1838 errichteten großen Marmorbank, die leicht erhöht auf einem Fundament inmitten des Englischen Gartens zum Verweilen einlädt. Klenze hatte die Steinerne Bank auf Anregung Ludwigs I. nach Art einer griechischen Exedra, einer halbkreisförmigen Sitzrunde, wie man sie in der Antike in zahlreichen Gebäuden fand, erbauen lassen.

Wo heute immer noch die sehenswerte Steinbank steht, inspirierte einst der Apollo-Tempel Künstler und Besucher gleichermaßen. Als sogenanntes »Hain-Heiligtum« wurde hier im Hirschangerwald auf dieser kleinen Halbinsel bereits 1789 der Vorläufer des Monopteros errichtet. Ein dorischer säulenumgebener Rundtempel nach Plänen des Ingenieurs beim Hofkriegsrat Johann Baptist Lechner und 1791 ergänzt von einer vom kurfürstlichen Hofbildhauer Josef Nepomuk Muxel geschnitzten Apollo-Statue, die dem kleinen Tempel seinen Namen gab.

Doch der 1804 von Schwetzingen nach München berufene Gartenarchitekt Ludwig von Sckell fand das Bauwerk misslungen und in seinen Proportionen völlig daneben. Hinzu kam, dass der Apollo-Tempel bereits nach wenigen Jahrzehnten immer baufälliger wurde und vor sich hin bröckelte. Man ließ ihn kurzerhand abreißen. Leo von Klenze erhielt den Auftrag, an dieser Stelle die Marmorbank zu errichten, die heute im Englischen Garten immer noch eine kleine Attraktion ist und auf der sich schon manche skurrile Debattierrunde getroffen hat.

Schwierig ist es, die Steinerne Bank zu finden. Man sollte, wenn man von der Königinstraße in den Garten kommt und den Eisbach überquert hat, den Monopteros linker Hand liegen lassen. Unweit des Chinesischen Turms, hinter der Verwaltung des Gartens, steht auf einer kleinen Insel unter großen Buchen und Eichen dieser herrlich einladende Platz, der meistens, weil er so versteckt liegt, verwaist ist und einen wirklichen Hort der Ruhe garantiert.

Adresse Eingang Königinstraße in den Englischen Garten, Höhe Monopteros, oder über die Tivolistraße, München (Schwabing) | **Anfahrt** U3/6, Haltestelle Giselastraße oder Universität; Tram 17, Haltestelle Tivolistraße; Bus 54/154, Haltestelle Chinesischer Turm | **Tipp** Ein Gang hoch zum Monopteros, diesem von Leo von Klenze 1832 erbauten Rundtempel im griechischen Stil, lohnt sich immer. Der Monopteros ist nach wie vor beliebter Treffpunkt eher ausgeflippter Typen und lebt heute noch vom Nimbus des toleranten Münchens.

95 — Die Surfer vom Eisbach
Rauschendes und Berauschendes neben dem Haus der Kunst

Das auch an versteckten Superlativen wirklich nicht arme München hat noch einen weiteren Kracher zu bieten: die wahrscheinlich größte stehende Wasserwelle mitten in einer Großstadt, gespeist aus einem kleinen Stadtbach. Da, wo der Eisbach aus seinem unterirdisch kanalisierten Lauf wieder ins Freie des Englischen Gartens tritt, in unmittelbarer Nachbarschaft zum Haus der Kunst, unterhalb der kleinen Brücke über den Eisbach an der Prinzregentenstraße, lebt Münchens Surferparadies. Im Sommer sowieso, aber auch im Winter, dank Neopren bei nahezu jedem Wetter.

Je nach Wasserstand baut sich im schnell über eine Steinstufe fließenden Eisbach eine bis zu einem Meter hohe »stehende Welle« auf, die sogenannte Eisbach-Welle. Bei Schneeschmelze oder starkem Regen ist die Strömung besonders tückisch. Dann pitchen die wagemutigen Surfer auf der peitschenden Woge von links nach rechts, von rechts nach links, immer dicht bis an die befestigten Randmauern des Baches. Sobald ein Surfer ins Wasser klatscht, ist der nächste aus der Warteschlange dran. Und hält sich einer zu lange auf den Brettern, geben ihm die am Rand Wartenden durch lautes Klopfen auf ihre Surfbretter zu verstehen, dass er sich gefälligst langsam ins Wasser fallen zu lassen hat. Wem das alles zu gefährlich ist und wer trotzdem gern mal surfen möchte, kann das ein Stückchen bachabwärts neben der Liegewiese mittels eines an einem Baum befestigen Seils tun. Da ist der Eisbach immer noch ganz schön schnell, aber ohne Welle.

Seit Jahren ist die Stadtwelle der Renner unter Münchens Surfern, und nicht nur das: Auch in internationalen Surferkreisen ist die Stromschnelle eine Herausforderung. Von weit her reisen die Wellenreiter an, messen sich an der Münchner Welle. Diese ist inzwischen im »Stormrider Guide« vermerkt, der Bibel der Surfer. Ein Hauch von Hawaii Downtown. In den Kinos lief mit Erfolg ein Film über das Surfen am Eisbach: »Keep Surfing«.

Adresse unmittelbar neben dem Haus der Kunst, Prinzregentenstraße 1, 80538 München (Lehel) | **Anfahrt** U3/6, Haltestelle Odeonsplatz; Bus 100 (Museumslinie), Haltestelle Königinstraße | **Tipp** Man kann die Surfer vom Eisbach bestens mit einem Besuch im Haus der Kunst kombinieren oder mit einem Spaziergang in den Englischen Garten.

96 Die Tafel für das Wittelsbacher Palais

Am Sitz der BayernLB wütete einst die Gestapo

Eine eher unscheinbare Bronzetafel an der Hausecke Türkenstraße/Brienner Straße erinnert an eines der mächtigsten Stadtpalais, aber vor allem an eines der dunkelsten Kapitel Münchner Geschichte. Hier an der heutigen Brienner Straße 18 stand das 1848 von Friedrich von Gärtner in englisch-gotischem Stil erbaute Wittelsbacher Palais, da, wo heute die BayernLB ihr Domizil hat. Einer der beiden mächtigen Löwen, die einst vor dem Portal saßen, befindet sich heute vor der Katholischen Akademie in der Mandlstraße.

Das Wittelsbacher Palais, 20 Jahre lang Alterssitz von König Ludwig I. und schließlich von 1887 bis zu seiner Vertreibung 1918 Wohnresidenz von Ludwig III., wurde anschließend zum Tagungsort des Aktionsausschusses der Münchner Räterepublik und schließlich zum Sitz der Räteregierung. Hier wurde am 5. April 1919 von den Vertretern der SPD, USPD, dem Bayerischen Bauernbund und den Arbeiterräten die Ausrufung der Räterepublik beschlossen.

Die schlimmste Phase kam über den roten Backsteinbau – die Münchner nannten es deshalb das »Rote Palais« – nach der Machtergreifung durch die Nazis. Im Herbst 1933 von der Bayerischen Politischen Polizei übernommen, wurde das Wittelsbacher Palais zum Hauptquartier der Gestapo. 1934 schließlich entstand im Hof des Palais das gefürchtete Gestapo-Gefängnis, der Inbegriff des Terrors. Hier wurden Hans und Sophie Scholl inhaftiert und vernommen, wurden Tausende willkürlich Verhafteter in den Kerkern verhört, gequält und gefoltert, bevor sie der Justiz übergeben wurden.

Das 1944 durch alliierte Luftangriffe stark beschädigte Wittelsbacher Palais wurde 1964 abgerissen. Der Freistaat Bayern und die Stadt München planten in den 1960er Jahren hier ein Denkmal für die Opfer des Faschismus zu errichten, das dann aber auf dem heutigen »Platz der Opfer des Nationalsozialismus« entstand.

Adresse Brienner Straße 18, 80333 München (Maxvorstadt) | **Anfahrt** U4/5, Haltestelle Odeonsplatz | **Tipp** Von hier aus sind es nur wenige Meter bis zum »Platz der Opfer des Nationalsozialismus«, wo durch eine eher unscheinbare Gedenksäule mit ständiger Flamme an die Opfer von Holocaust und Nazi-Terror gedacht wird. Eine später installierte Gedenkplatte weist gesondert auf das Schicksal der Sinti und Roma hin.

97 Der Teufelstritt
Der mysteriöse Fußabdruck in der Frauenkirche

Wir sind ja nicht abergläubisch. Aber der Teufelstritt im Eingangsbereich der Frauenkirche unter dem Chor, der hat schon was. Hier befindet sich im Bodenpflaster, auf den ersten Blick, der in Stein gemeißelte Abdruck eines menschlichen Fußes. Doch bei genauerem Hinschauen erkennt man an der Ferse auch noch den Abdruck eines Sporns.

Über diesen schwarzen Tritt gibt es viele Sagen. Und so war es wohl: Der Baumeister der Frauenkirche, Jörg von Halsbach, hatte mit dem Teufel um seine Seele gewettet, dass der in der Kirche keine Fenster sehen könne. Der aufgebrachte Teufel, dem dieser neuerliche Kirchenbau im an Kirchen überreichen München ein Dorn im Auge war, hatte sich heimlich in die noch nicht geweihte Kirche geschlichen. Er wollte sie mit einem Fluch belegen, sie zerstören. Als er durch den Eingang kam und sah, dass der Baumeister offensichtlich die Fenster vergessen hatte, lachte er hämisch auf und trat triumphierend in das Pflaster, so heftig, dass er einen mächtigen Abdruck hinterließ. Eine Kirche ohne Fenster, so der Teufel, sei kein Gotteshaus.

So könnte es gewesen sein: Denn stellt der Besucher seinen Fuß in den schwarzen Tritt und schaut zum Hochaltar, sieht er keine Seitenfenster. Und nach der Barockisierung der Kirche 1620 sah man auch die vom mächtigen Hochaltar verdeckten Mittelfenster nicht mehr.

Die Frauenkirche mit ihren beiden mächtigen, achteckigen, 100 Meter hohen Türmen und ihren kupfernen Kuppelhauben ist das unumstrittene Wahrzeichen Münchens. Der dunkelrote Blankziegelbau mit seinem imposanten Steildach ist 109 Meter lang und eine der schönsten spätgotischen Hallenkirchen Süddeutschlands. Die 500 Jahre alte Frauenkirche besticht durch ihre klare Architektur und schlichte Einrichtung. Nach schweren Kriegsschäden wurde sie zwischen 1947 und 1957 wieder aufgebaut. Heute firmiert sie als Münchner Dom »Zu Unserer Lieben Frau«.

Adresse Frauenplatz 1, 80331 München (Altstadt) | **Anfahrt** U3/6, Haltestelle Marienplatz; U4/5, Haltestelle Karlsplatz/Stachus | **Öffnungszeiten** täglich 7–19 Uhr, Do bis 20.30 Uhr, Fr bis 18 Uhr. Domführungen Mai–Sept. Di, Do, So 14 Uhr. Turmbesichtigungen: 1. April–31. Okt. Mo–Sa 10–17 Uhr | **Tipp** In der Frauenkirche empfiehlt sich ein Blick auf die große Automatenuhr von 1568 und die Büste des heiligen Benno, seit 1580 der Schutzpatron Bayerns und der Stadt München.

98 Das Tivoli-Kraftwerk
Industriekultur mitten im Grünen

Kaum jemand in München weiß, dass unmittelbar am Englischen Garten, knapp hinter der Gaststätte Hirschau, bis zum Ende des Ersten Weltkriegs die 1838 von Joseph Anton von Maffei gebaute Lokomotivenfabrik Maffei ihre Produktion hatte. Die Firma Maffei gehörte zu den bedeutendsten Entwicklern des Eisenbahnwesens in Bayern und zu den bekanntesten Bauern von Lokomotiven weltweit. Ein Stückchen weiter westlich im Park an der Osterwaldstraße betrieb die Firma Lodenfrey ihre Stofffabrik, deren Gebäude heute noch stehen und von zahlreichen Medienunternehmen genutzt werden.

Das Tivoli-Kraftwerk wurde von den Maffei-Eisenwerken, die um 1840 die ersten bayerischen Lokomotiven im Englischen Garten herstellten, 1895 gebaut und lieferte von 1896 bis 1931 Strom für den eigenen Bedarf. Nach der Fusion mit Krauss & Co. zu Kraus-Maffei und der Verlegung der Produktion nach Allach wurde das Tivoli-Kraftwerk 1931 stillgelegt.

Das kombinierte Wasser-Dampf-Kraftwerk am Eisbach wurde schließlich 1948 von der etwa einen Kilometer entfernten, im heutigen Tucherpark unterhalb der Bogenhauser Brücke gelegenen und 1969 abgerissenen Tivoli-Getreidemühle in Betrieb genommen, durch die es schließlich seinen Namen erhielt. Seither wird der erzeugte Strom wieder in das öffentliche Stromnetz eingespeist.

Die Ästhetik der Maffei-Kraftzentrale steht für die Architektur technischer Bauten um die vorletzte Jahrhundertwende und passt sich nahtlos in den Englischen Garten ein. Heute ist der ockerrote Ziegelbau mit seiner den Eisbach überbrückenden zweigiebeligen Turbinenhalle und der Kesselhalle denkmalgeschützt. Immer noch werden hier rund 800 Kilowattstunden Strom erzeugt.

Ansonsten aber ist das Tivoli-Kraftwerk mit seinen imposanten Räumlichkeiten und der Turbinenhalle für Festivitäten und Events zu mieten, ein Ambiente ohne nervende Nachbarn mitten im Grünen in einzigartiger idyllischer Lage.

Adresse Gyßlingstraße 12, 80805 München (Schwabing), Nähe Seehaus, gegenüber Biergarten Hirschau | **Anfahrt** U3, Haltestelle Dietlindenstraße, dann zu Fuß in den Englischen Garten; mit dem Auto: Isarring, Richtung Seehaus abfahren, Richtung Gyßlingstraße oder Parkplatz Hirschau, am Tivoli-Kiosk Richtung Isar gehen | **Öffnungszeiten** Besichtigungen nach Vereinbarung | **Tipp** Lohnend ist die Einkehr im nahe gelegenen Wirtshaus Hirschau, dessen Ursprünge bis 1840 zurückreichen, als hier die Arbeiter der Lokomotivenfabrik Maffei verköstigt wurden. Heute ein beliebtes Lokal mit Biergarten und Tennisplätzen der Firma SportScheck. Empfehlenswert: der nahe Tivoli-Kiosk mit Biergarten und Boccia-Bahn.

99 Das Trainingsgelände des FC Bayern

Den Stars beim Ballspielen zusehen

Bayern München galt lange als der Fußballclub der Münchner Boheme, Lokalrivale 1860 als Arbeiterclub. Das stimmt natürlich nur bedingt und in neuer Zeit schon gar nicht mehr. Allerdings: Während die Sechzger ab 1933 frühzeitig mit den Nazis antichambrierten, war Bayern München, gerade 1932 erstmals Deutscher Meister geworden, für die neuen Machthaber der »Judenclub«. Die jüdischstämmige Führungsriege um Präsident Kurt Landauer und Trainer Richard Dombi mussten auf politischen Druck hin zurücktreten.

Die große Zeit des 1900 gegründeten FC Bayern München brach mit dem Aufstieg in die Bundesliga 1965 an und machte ihn fortan zum mit Abstand erfolgreichsten deutschen Fußballverein, sportlich wie wirtschaftlich. 22 deutsche Meistertitel, 15 DFB-Pokale, in den 1970er Jahren dreimal der Gewinn des Europapokals der Landesmeister, 2001 die Champions League und je einmal der Europapokal der Pokalsieger und der UEFA-Pokal schlagen unerreichbar zu Buche.

Bayern München ist heute eine Marke im europäischen Fußball, auf Augenhöhe mit den Mailänder Clubs, den beiden spanischen Renommiervereinen Madrid und Barcelona und den englischen Spitzenclubs aus Manchester und London. Ein Club mit vielen Stars. Und diesen mal bei der Arbeit zuzusehen, das macht richtig Spaß.

Das Trainingsgelände der Bayern in der Säbener Straße verbirgt sich hinter einer etwa 200 Meter langen Gebäudefront und ist eine der modernsten Sportanlagen im europäischen Fußball. Seit 1970 wird das 80.000 Quadratmeter große Areal kontinuierlich ausgebaut. Geschäftsstelle, Trainingscenter, Mehrzweck-Sporthalle, Fan-Shop sowie mehrere Rasenplätze haben das Gelände zu einer kleinen Kicker-City gemacht. Längst sind nicht mehr alle Trainingseinheiten der Elitekicker öffentlich, aber mindestens einmal in der Woche findet, meist um 11.30 Uhr, ein Training zum kostenlosen Zuschauen statt.

Adresse Säbener Straße 51–57, 81547 München (Harlaching), Tel. 089/69931-0 | **Anfahrt** U1, Haltestelle Wettersteinplatz; U2, Haltestelle Silberhornstraße; Tram 15/25, Haltestelle Kurzstraße | **Öffnungszeiten** Fan-Shop und Servicecenter Mo–Fr 9–18 Uhr, die Trainingszeiten dem Internet entnehmen | **Tipp** Sehenswert ist die 69.000 Zuschauer fassende Allianz-Arena des FC Bayern in der Werner-Heisenberg-Straße 25 im Münchner Norden.

100 Das Treppenhaus der Bayerischen Staatsbibliothek
Erhabener Aufstieg ins geistige Universum

Einfach mal beim Vorbeigehen die schwere Tür der Bayerischen Staatsbibliothek öffnen. Das ist keineswegs nur ein den Studenten und Professoren vorbehaltenes Privileg, das lohnt sich für jedermann. Denn hinter der mächtigen Tür tut sich eines der imposantesten Treppenhäuser Münchens auf: die der Scala dei Giganti des Dogenpalastes in Venedig nachempfundene Treppe, die hoch in die heiligen Hallen einer der größten Universalbibliotheken Europas führt.

Der sich von solcherlei Vorbild inspirieren ließ, war der Architekt Friedrich von Gärtner, der das heutige Gebäude der Bayerischen Staatsbibliothek im Auftrag König Ludwigs I. zwischen 1832 und 1844 im Palaststil der florentinischen Frührenaissance erbaute. Die Benutzung des repräsentativen Treppenhauses mit seinen 54 Stufen und seinem ornamentierten Gewölbe »in das helle Licht der Wissenschaft« war ursprünglich nur dem König vorbehalten. Mit 152 Meter Länge entlang der Ludwigstraße, 78 Meter Tiefe und 24 Meter Höhe gilt die Staatsbibliothek als der größte Blankziegelbau Deutschlands. 1843 zur Eröffnung wurde die Stabi als fortschrittlichster deutscher Bibliotheksbau gepriesen. Auch heute, im digitalen Zeitalter, rangiert die Bayerische Staatsbibliothek in der Spitzengruppe europäischer Bibliotheken.

Gegründet wurde die Sammlung 1558 von Herzog Albrecht V. als Wittelsbacher Hofbibliothek durch den Erwerb der Privatbibliothek des österreichischen Kanzlers Johann Albrecht Widmannstetter. Erster Standort war das Kanzleigewölbe am Alten Hof. Einige Jahre später wurde die Bibliothek des Augsburgers Johann Jakob Fugger hinzugekauft. Um 1900 wandelte sich die Sammlung zur modernen Gebrauchsbibliothek, im Revolutionsjahr 1919 wurde die Münchner Hofbibliothek in Bayerische Staatsbibliothek umbenannt. Der Bestand heute: zehn Millionen Bände.

Adresse Ludwigstraße 16, 80539 München (Maxvorstadt), Tel. 089/28638-0 | **Anfahrt** U3/6, Haltestelle Universität; U4/5, Haltestelle Odeonsplatz | **Öffnungszeiten** 9–19 Uhr, allgemeiner Lesesaal täglich 8–24 Uhr. Rund 110.000 Nachschlagewerke sind frei zugänglich. | **Tipp** Einen Blick auf die Sitzstatuen aus Kalkstein vor der Freitreppe der Ludwigstraße werfen: Thukydides (Geschichte), Homer (Kunst), Aristoteles (Philosophie) und Hippokrates (Medizin).

101 Die Universitäts-Reitschule
Im Galopp durch den Englischen Garten

Wenn man im Englischen Garten, von der Königinstraße kommend, zum Chinesischen Turm unterwegs ist, kann es passieren, dass plötzlich vorbeipreschende Reiter auftauchen, vor denen man sich manchmal nur durch einen Sprung in die Büsche retten kann. Sie kreuzen die Fußgängerwege, und wenn man entlang den Fußpfaden genau hinschaut, verläuft dort häufig parallel ein Reitweg. Pferde und Reiter kommen aus der Universitäts-Reitschule am Englischen Garten, einer exklusiven Adresse für Ausritte in freier Natur.

1923 wurde die »Bayerische Reitschule Aktiengesellschaft« von Hermann Anschütz-Kaempfe, dem Erfinder des Kreiselkompasses, gegründet, 1926 wurden 15.000 Quadratmeter Grund direkt am Englischen Garten gekauft. 1927 wurden die Reitschule und die nahe Gaststätte eingeweiht. Die Universität gab ihr Placet zur Bezeichnung »Universitäts-Reitschule«, 1931 wurde sie, umgewandelt in eine Stiftung, Teil der Ludwigs-Maximilians-Universität. Heute wird die Universitäts-Reitschule in Erbpacht privat betrieben und umfasst neben den Boxen der Schulpferde rund weitere 30 Boxen für die Unterbringung von Privatpferden. Zur Anlage gehören eine geräumige Reithalle, ein Außenreitplatz und eine »Schwemme« im Schwabinger Bach.

Vor allem aber dürfen die Reiter der Uni-Reitschule – und das ist in einem deutschen Park einmalig – in den Englischen Garten, der von der Reitschule durch ein Tor zu erreichen ist. Dazu gehören rund zehn Kilometer ausgewiesene Sand-Reitwege, diverse Durchquerungen von Bächen und der Isar und zwei Rasenplätze mit natürlichen Hindernissen. Und in direkter Nachbarschaft zur Reitschule, in der Veterinärstraße, liegt die Tierärztliche Fakultät der Universität München. Kurfürst Karl Theodor war es, der 1790 hier die »Thierarzneyschule« gegründet hatte, die 1890 zur Königlichen Tierärztlichen Hochschule erhoben und 1914 Teil der Ludwig-Maximilians-Universität wurde.

Adresse Königinstraße 34, 80802 München (Maxvorstadt) | **Anfahrt** U3/6, Haltestelle Giselastraße; Bus 54/154, Haltestelle Thiemestraße | **Tipp** Das vis-à-vis gelegene »Café Reitschule« gehört mit seiner Terrasse zur Königinstraße hin und seinem lauschigen Garten direkt am Schwabinger Bach zu den absoluten In-Adressen der Stadt.

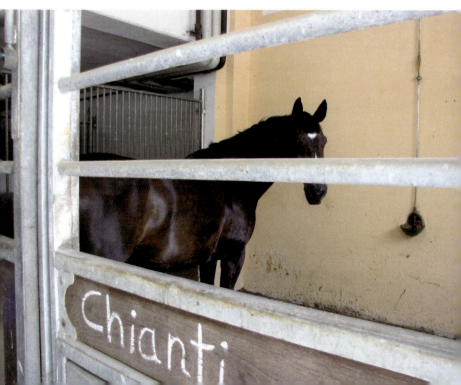

102 Das Versunkene Dorf
Vergangenes zwischen Allianz-Arena und Großlappen

Das ist schon irritierend, wenn man hinter dem Müllberg in Großlappen mit seinem überdimensionierten Windrad und der jenseits des Autobahnkreuzes München-Nord an der A99 liegenden, einem gelandeten UFO gleichen Allianz-Arena auf die älteste Kirche Münchens stößt. Auf die weiße und ockerfarbene Heilig-Kreuz-Kirche – und ihr teilweises Duplikat am Müllberg. Die Kirche und ihre Doppelgängerin.

Denn in dieser Gegend gab es einmal ein richtiges Dorf, rückdatiert bis ins Jahr 815, hier standen später Bauernhöfe, hier fand ländliches Leben statt. Das ist lange her. Erst wurde Fröttmaning dem Bau der Autobahn, des Autobahnrings und der Kläranlage geopfert. Dann wurden ab den 1950er Jahren die letzten Gutshöfe wegen der sich ausweitenden Mülldeponie abgerissen. Nur die romanische Heilig-Kreuz-Kirche aus dem 12. Jahrhundert mit ihrem kleinen Friedhof blieb nach allerhand Protesten und Eingaben der Bürger gegen eine zügellose Verwaltung verschont.

In Zusammenhang mit dem Bau der Allianz-Arena für die Fußballweltmeisterschaft 2006 wurde unter Einbeziehung des Fröttmaninger Berges ein Künstlerwettbewerb ausgeschrieben, den der 1940 geborene Künstler Timm Ulrichs gewann. »Versunkenes Dorf« heißt seine Installation der romanischen Doppelgängerkirche – aus bemalten Fertigbetonteilen, 150 Meter südlich von Heilig Kreuz am Hang des alten Schuttberges gelegen. Aber noch mehr: Die nicht begehbare Replik der Originalkirche wurde in den begrünten Müllberg versenkt, wirkt teilweise verschüttet. Lediglich ein Teil des Kirchturms und des Kirchenschiffes sind im Schatten des Windrades sichtbar. Eine Metapher auf die Vergänglichkeit, ein Mahnmal, so versteht es der Künstler, für die kulturellen Opfer einer zerstörerischen Zivilisation. Erst wird die Geschichte unter Müllbergen begraben, und dann werden auf den »verrotteten Fundamenten neue Kathedralen« gebaut. Wie die Allianz-Arena für Schweinsteiger und Co.

Adresse Kurt-Landauer-Weg 8 am Fröttmaninger Berg (früher Müllberg), 80939 München (Freimann) | **Anfahrt** U6, Haltestelle Fröttmaning, dann über die Brücke auf die andere Seite der Autobahn | **Öffnungszeiten** Die einsam gelegene Kirche ist meistens geschlossen. Gottesdienste in der Sommerzeit am Wochenende immer gegen 18 Uhr | **Tipp** An der nahe gelegenen Wallnerstraße 1, unweit der Autobahn, liegt seit 1973 die Moschee des Islamischen Zentrums München mit ihrem 33 Meter hohen Minarett.

103 Die Volkssternwarte
Ein Paradies für Hobbyastronomen

Die qualitativ wichtigste und bedeutendste Sternwarte der Stadt ist die Universitäts-Sternwarte in Bogenhausen, die allerdings nur wissenschaftlichen Zwecken dient und der Öffentlichkeit lediglich in Ausnahmefällen zur Verfügung steht. Das war ein Grund, weshalb sich in den Nachkriegsjahren eine Gruppe astronomisch interessierter Münchner zusammenfand und eine Sternwarte ins Leben rief, die für die interessierte Allgemeinheit zugänglich sein sollte. Aus anfänglich bescheidenen Verhältnissen hat sich die Bayerische Volkssternwarte München zu einer der größten ihrer Art in Deutschland entwickelt. Also, wer Lust hat: Einfach mal hingehen und gepflegt in die Sterne gucken.

Immerhin bietet die 300 Quadratmeter große Beobachtungsplattform in 35 Meter Höhe mit zahlreichen spektakulären Fernrohren und Teleskopen einen tiefen Blick in astronomische Welten, auf die Gebirgsketten und Krater auf dem Mond beispielsweise sowie auf weitere Planeten. Im eigenen Planetarium kann man sich in den Sternenhimmel vertiefen, Sternenbilder nachzeichnen. Hinzu kommt eine umfangreiche Fachbibliothek.

Die Volkssternwarte München wird als gemeinnütziger Verein geführt, der rund 600 Mitglieder zählt. Etwa 20.000 Sterngucker registriert die Sternwarte jedes Jahr bei über 500 öffentlichen Veranstaltungen. Immer dann, wenn am Himmel wieder richtig Action angesagt ist, an Tagen der Mondfinsternis oder eines Planetenregens, stehen die Hobbyastronomen an der Beobachtungsplattform Schlange.

Das wissenschaftliche Pendant: Die Universitäts-Sternwarte Bogenhausen in der Scheinerstraße 1 ist Teil des Instituts für Astronomie und Astrophysik der Fakultät für Physik der Ludwig-Maximilians-Universität. 1816 als einstmals Königliche Sternwarte zu Bogenhausen gegründet, galt sie jahrzehntelang als bestausgestattetes Observatorium der Welt.

Adresse Rosenheimer Str. 145 h, 81671 München (Haidhausen), Tel. 089/406239, www.sternwarte-muenchen.de | **Anfahrt** U5, Haltestelle Ostbahnhof, dann Bus 55/145/155, Haltestelle Anzinger Straße | **Öffnungszeiten** Mo–Fr ab 20 Uhr bei jeder Witterung. Führungen dauern etwa eineinhalb Stunden. Führungen für Kinder gibt es immer freitags um 17 Uhr. | **Tipp** Eine weitere Sternwarte befindet sich in der Kuppel des Deutschen Museums. Täglich gibt es dort von 10.30 Uhr bis 11.30 Führungen und Vorführungen in der Ostkuppel. Dienstags und freitags finden bei klarem Himmel um 21 Uhr Abendführungen statt.

104_ Der Walking Man
Ein Schwabinger auf Augenhöhe mit den Pappelspitzen

Wer in München Macht und Einfluss hat, der zeigt das mitunter auch ganz gern. Allem Understatement zum Trotz. Kein Unternehmen beherrscht und besitzt mehr Immobilien in den privilegierten Lagen der Stadt als die Münchener Rück oder inzwischen Munich Re. Unabhängig von Hunderten von Wohnimmobilien hat sich die mächtige Versicherung vor allem in Schwabing breitgemacht, krakengleich. Ihr gehören zwischen Leopoldstraße und Englischem Garten nahezu alle Filetstücke, von Schlösschen, Stadtpalais, Herrenhäusern bis zu spektakulären Neubauten rund um die Reitschule direkt am Englischen Garten. Im Zentrum: das Hauptgebäude in der Königinstraße mit dem barocken Schmuckhof. Viele dieser Gebäude der Münchener Rück sind durch unterirdische Gänge miteinander verbunden.

Immerhin hat dieser alles beherrschende Konzern vor dem Eingang seiner Zentrale an der Leopoldstraße den Münchnern ein Kunstwerk ganz besonderer Prägung geschenkt. Die wahrscheinlich größte oder besser höchste Skulptur der Stadt, die der ansonsten ja seit Jahrzehnten nach einem eigenen Gesicht und dem entsprechenden Flair suchenden Leopoldstraße guttut und ihr einen kulturellen Überbau verpasst.

Der »Walking Man« ist eine 17 Meter hohe und 16 Tonnen schwere Skulptur des US-amerikanischen, 1942 geborenen Künstlers Jonathan Borofsky, eines weltweit gerühmten Bildhauers für überdimensionale Plastiken im öffentlichen Raum. Auch die 23 Meter hohe und 32 Tonnen schwere bewegliche Skulptur »Hammering Man« vor dem Messeturm in Frankfurt oder die documenta-Skulptur »Himmelsstürmer« vor dem Kulturbahnhof in Kassel sind von ihm. Der auf der Leopoldstraße leicht daherschlendernde »Walking Man« – Fußlänge zwei Meter – besteht aus einer in den USA fabrizierten Stahlkonstruktion, die 1995 in München zusammengesetzt und mit glasfaserverstärktem Kunststoff umfasst wurde.

Adresse Leopoldstraße 36, 80802 München (Schwabing) | **Anfahrt** U3/6, Haltestelle Giselastraße | **Öffnungszeiten** jederzeit zugänglich | **Tipp** Eine sehenswerte Großskulptur ist auch der Brunnen mit seiner 7,5 Meter hohen Tuba aus Messing und einem das Wasser aufnehmenden Konzertflügel ohne Deckel des Münchner Künstlers Albert Hien vor dem Verwaltungsgebäude der GEMA am Gasteig.

105 Der Wallner an der Großmarkthalle

Genießen, wo alles ganz besonders frisch ist

Zahlreiche Münchner Restaurants, Marktstände und Metzger preisen sich als die besten Weißwurstproduzenten der Stadt. Da mag jeweils was dran sein. Fest steht aber, dass die original »Wallner«-Weißwürste mit zu den feinsten gehören, die die Stadt und auch das Umland in diesem bayerisch-lukullischen Segment zu bieten haben. Denn »Wallner«, das ist nicht irgendwer. Die Wirtsleute Wallner betreiben seit über 40 Jahren die Gaststätte der Münchner Großmarkthalle mit angeschlossener Metzgerei. Dichter kann man frischer Ware nicht auf die Pelle rücken.

So ist die Küche der Wirtsleute Wallner im Restaurant der Großmarkthalle ein wirklicher Geheimtipp. In den 2008 komplett umgebauten und renovierten historischen Räumen kehren nicht nur die Lieferanten, Markteinkäufer und die Großmarktbeschäftigten ein, sondern auch die vielen Münchner Gastronomen, die für ihre abendlichen Menüs und Speisenfolgen frische Waren einkaufen. Es versteht sich daher von selbst, dass bei Wallners erstklassige Küche und hohe Qualität geboten werden müssen. Davon profitiert auch jeder andere Gast, den es zu den Großmarkthallen zieht. Nur die frühen Öffnungszeiten und der zeitige Schluss – angepasst an das Großmarktklientel – passen möglicherweise nicht in jeden Tagesablauf und zu jedem Biorhythmus.

Denn hier in der Großmarkthalle, nicht weit entfernt vom Münchner Schlachthof, tobt das Leben, während die Stadt noch schläft. Ab drei Uhr in der Nacht herrscht in der Nähe des südlichen Mittleren Rings Hochkonjunktur. Gegen Mittag ist der Spuk vorbei. Hauptaufgabe aller Aktivitäten hier: die Bevölkerung Münchens und der Region mit rund fünf Millionen Menschen mit Lebensmitteln und Blumen zu versorgen. Hunderte Großhändler aus über 80 Ländern schlagen hier ihre Waren um.

Marktlstubn

Adresse Kochelseestraße 13, 81371 München (Sendling), Tel. 089/764531 | **Anfahrt** U3/6, Haltestelle Implerstraße | **Öffnungszeiten** Mo–Fr 7–17 Uhr, Sa 7–13 Uhr, So, feiertags geschlossen | **Tipp** Es lohnt, das traditionsreiche Wirtshaus im Schlachthof, Zenettistraße 9, mit der Musik- und Kabarettbühne zu besuchen, bekannt durch Ottfried Fischers Sendung »Ottis Schlachthof«. Empfehlenswert ist auch ein Blick auf die neubarocke Kirche St. Korbinian, Valleystraße 24.

106 Die Wandmalerei in den Hofgartenarkaden

Episoden aus der Geschichte der Wittelsbacher

Betritt man den Hofgarten vom Odeonsplatz durch das 1825 von Leo von Klenze erbaute Eingangstor, stößt man auf die endlos erscheinenden Arkaden. Gleich fällt der Blick auf den aufragenden Dianatempel von 1616 oder die vorspringende Fassade der Residenz, sodass den meisten Besuchern zu beiden Seiten des Hofgartentores ein Dutzend Kunstwerke ganz besonderer Güte entgehen: die ungefähr 2,30 mal 2,90 Meter großen, von rund 20 Schülern des Akademiepräsidenten Peter von Cornelius (1783–1867) gemalten Fresken mit Episoden aus der Geschichte des Hauses Wittelsbach an den von Wandpfeilern getrennten Wänden. Hinzu kommen noch drei kleinere Werke an den Stirnwänden zum Hofgartentor und zur Residenz. Irgendwie wirken die Fresken wie im Freien hängende Wandteppiche.

Der Zyklus wurde zwischen 1827 und 1829 im Auftrag von König Ludwig I. geschaffen und am 4. Oktober 1829 der Öffentlichkeit, passend zum Oktoberfest, als festlicher Eingang zum Hofgarten übergeben. Zu sehen sind Historienbilder aus der Zeit vom 12. bis 17. Jahrhundert, in der das Haus Wittelsbach ohne Unterbrechung in Bayern herrschte, jeweils ein Kriegsmotiv und eine Darstellung aus Friedenszeiten. Das reicht von der »Kaiserkrönung Ludwig des Bayern zu Rom 1328« über die »Erstürmung der Cöllnischen Burg Godesberg durch die Bayern 1583« bis zur »Stiftung der Academie der Wissenschaften durch Maximilian Joseph III. im Jahr 1759«.

Die Qualität der im Freien vor sich hin witternden Fresken wird von Kunsthistorikern eher kritisch betrachtet. Zu viele Maler haben an den Fresken gearbeitet, als dass man von einem Gesamtwurf sprechen könnte. Immer wieder wurden die Bilder grundlegend restauriert und übermalt, vor allem nach starken Zerstörungen im Zweiten Weltkrieg. In großem Stil neu koloriert wurden sie vor den Olympischen Spielen 1972.

Adresse Hofgarten, Eingang vom Odeonsplatz, München (Altstadt) | **Anfahrt** U4/5, Haltestelle Odeonsplatz | **Tipp** Die Arkaden am westlichen und nördlichen Rand des Hofgartens beherbergen zahlreiche Privatgalerien zeitgenössischer Kunst, die Ausstellungsräume des Kunstvereins München und das Deutsche Theatermuseum. Und wer Lust hat, kann Boulespielen auf den Kiesflächen vor den Arkaden.

107 __ Der Wasserfall im Englischen Garten

Getöse zwischen Eisbach und Schwabinger Bach

Schon von Weitem hört man ein ständiges Rauschen, das langsam immer näher kommt. Und plötzlich steht man vor einem Naturschauspiel von besonderer Güte, einem rauschenden Wasserfall inmitten des dichten Baumbestandes und der undurchdringlich erscheinenden Büsche des Englischen Gartens.

1814 ließ Ludwig von Sckell an der Gabelung von Schwabinger Bach und Eisbach den großen Wasserfall nach einem Entwurf des Architekten Johann Andreas Gärtner (1744–1826) anlegen. Der eigentlich flache Englische Garten wurde zum Stauwehr aufgeschüttet und mit riesigen Steinbrocken, Felsen und Findlingen versehen, über die die Wassermassen stürzen. Ganz im Naturverständnis der Romantik: Elementare Naturgewalt wurde künstlich angelegt, optisch durch das die gewaltigen Steinmassen umspülende sprudelnde Wasser und akustisch durch die herabstürzenden tosenden Fluten. Mit ein wenig Phantasie erscheint einem der Wasserfall wie die Kulisse eines Freilufttheaters, vor der jederzeit ein Schauspieler im Gewande Ludwigs II. auftreten könnte.

Ludwig von Sckell war es, der das System der vom Isarwasser gespeisten Bäche, die den Englischen Garten durchziehen und die letztendlich wieder in die Isar münden, entwickelt hat: Eisbach, Oberstjägermeisterbach und Schwabinger Bach. Hinzu kommen einige kleinere Bäche wie der Entenbach nahe dem Chinesischen Turm oder der Obere Wehrbach in der Hirschau. Ein Meisterwerk gartenarchitektonischer Kunst, das es im Englischen Garten überall sprudeln und plätschern lässt. Entsprechend viele Brücken überziehen die Bäche, ebenfalls architektonische Kleinodien, wie die Chinesische Brücke, die Bogenbrücke oder die sogenannte X-Brücke an der Königin-, Ecke Prinzregentenstraße. Der Wasserfall im Englischen Garten ist besonders lohnenswert in heißen Sommern.

Adresse Englischer Garten, südlicher Teil, unweit vom Haus der Kunst | **Anfahrt** Bus 100 (Museumslinie), Haltestelle Königinstraße | **Tipp** Vom Wasserfall ist es nicht weit zum Rumford-Denkmal an der Lerchenfeldstraße/Ecke Prinzregentenstraße. Reichsgraf Benjamin Rumford war Initiator und Gründer des Englischen Gartens.

108 Der Wedekind-Brunnen
Hier begannen die Schwabinger Krawalle

21. Juni 1962, 22 Uhr 30. Es war ein heißer Sommertag, ein herrlich lauer Abend. Rund um den Wedekind-Brunnen am Feilitzschplatz in Schwabing sangen Jugendliche zur Gitarre. Die Stimmung war ausgelassen. Schwabing eben. Doch einige Anwohner fühlten sich gestört, verlangten Ruhe und riefen schließlich die Polizei. Die wollte die Gruppe auflösen, stieß aber auf Widerstand und Unverständnis bei den Passanten. Die Polizei demonstrierte Härte, verlor schließlich die Contenance und provozierte heftige Gegenwehr. Die Situation eskalierte. In den kommenden fünf Nächten lieferten sich Hunderte Polizisten und rund 40.000 Jugendliche auf der nahen Leopoldstraße und im Umfeld der Universität vorher nie gekannte Straßenschlachten, die als die »Schwabinger Krawalle« in die Stadtgeschichte eingehen und als Mitauslöser der Protestkultur der 1960er Jahre gelten sollten.

Alles begann an diesem vom Münchner Bildhauer Ferdinand Filler (1902–1977) anlässlich der 800-Jahr-Feier der Stadt entworfenen Brunnen, der im Juli 1959 enthüllt wurde – zu Ehren des Schriftstellers und Schauspielers Frank Wedekind (1864–1918). Wedekind gehörte 1896 zu den Mitbegründern der Zeitschrift »Simplicissimus«, arbeitete als Dramaturg in München, stand in seinen Stücken auch als Schauspieler auf der Bühne und war Mitglied des Kabaretts »Die Elf Scharfrichter«. Wedekind war ein scharfer Kritiker der heuchlerischen und lebensfeindlichen Moralvorstellungen der wilhelminischen Epoche. Immer wieder war er Opfer der Zensur, saß wegen Majestätsbeleidigung in Festungshaft.

Der Wedekind-Brunnen aus fränkischem Muschelkalk zeigt eine Frau, die nachdenklich eine Hand an die Stirn legt und die andere an der Leier hält. Wedekinds freie Sicht der Dinge. Vorn auf der Säule steht: »Seltsam sind des Glückes Launen, wie kein Hirn sie noch ersann, daß ich meist vor lauter Staunen, lachen nicht noch weinen kann. Wedekind.«

Adresse Wedekindplatz 1, 80802 München (Schwabing) | **Anfahrt** U3/6, Haltestelle Münchner Freiheit | **Tipp** In der Feilitzschstraße 5 (heute 32), im Haus der ehemaligen Künstlerkneipe »Seerose«, wohnte von 1899 bis 1902 Thomas Mann und beendete hier 1900 seinen Roman »Die Buddenbrooks«.

109 Die Weiße Rose im Justizpalast

Eine Dauerausstellung erinnert an die Widerstandsgruppe

Der immer so unnahbar scheinende Justizpalast am Stachus kann besucht werden. Und das lohnt sich in doppelter Hinsicht. Einmal des imposanten Gebäudes und seiner gewaltigen Kuppel wegen, besonders aber wegen einer Ausstellung, von der die wenigsten wissen: »Willkür ›Im Namen des deutschen Volkes‹«.

1943 fanden hier im Justizpalast die Prozesse gegen die Mitglieder der Widerstandsgruppe Weiße Rose statt. Der sogenannte Volksgerichtshof des berüchtigten Präsidenten Roland Freisler hatte mit Hans Scholl, Sophie Scholl und Christoph Probst kurzen Prozess gemacht. Am 22. Februar, vier Tage nachdem die Mitglieder der Weißen Rose beim Verteilen von Flugblättern gegen Naziterror und Krieg im Lichthof der Universität vom Hausmeister gestellt worden waren, begann der Prozess im Justizpalast. Bereits wenige Stunden später wurden die drei Studenten im Gefängnis München-Stadelheim enthauptet. In einem zweiten Prozess am 19. April 1943 wütete Freisler gegen weitere 14 Mitglieder der Weißen Rose. Am Abend standen die Todesurteile gegen Willi Graf, Alexander Schmorell und den Universitätsprofessor Kurt Huber fest.

Im September 2007 wurde im nahezu vollständig erhaltenen einstigen Sitzungssaal 216 (heute 253) eine Dauerausstellung zum Gedenken an die Münchner Widerstandsgruppe eröffnet. Neben Fotos der insgesamt 17 Angeklagten aus beiden Prozessen und den Kopien einiger Originaldokumente, wie der Verteidigungsrede Kurt Hubers, ist es vor allem der Originalschauplatz, der den Besucher tief berührt und in seinen Bann zieht. Gebaut wurde der Justizpalast nach den Plänen des Münchner Architekten Friedrich von Thiersch zwischen 1891 und 1897 im Stil des Historismus und des Neobarocks. Die riesige Eingangshalle, das mächtige Treppenhaus und die 67 Meter hohe Glaskuppel sind sehenswert.

Adresse Prielmayerstraße 7, 80335 München (Maxvorstadt), Saal 253 | **Anfahrt** U4/5, Haltestelle Karlsplatz (Stachus); Tram 16/17/18/27 sowie alle S-Bahnen | **Öffnungszeiten** werktags 9–16 Uhr, nicht vom 10. April bis 31. Mai und vom 10. Okt. bis 31. Nov. (wegen der zu diesen Zeiten stattfindenden Juristischen Staatsprüfungen) | **Tipp** Im Lichthof der Universität wird ebenfalls der Weißen Rose gedacht. Dort gibt es eine Gedenkstätte mit ausgiebigem Anschauungsmaterial.

110 Der Wiener Markt

Am Wiener Platz kann man sich genüsslich niederlassen

Zentrum des am Ostufer der Isar gelegenen Haidhausens ist der Wiener Platz. Historisch dominierten in diesem armen Viertel vor den Toren der Stadt die kleinen Herbergshäuschen, andererseits ließen sich hier aber auch zahlreiche kleine und größere Brauereien nieder. Der Grund: Der felsige Untergrund der Isarhöhe erlaubte es, in den kühlen Steinen das frisch gebraute Bier auf Temperatur zu halten. Rund 50 solche Keller soll es zwischen der Einsteinstraße und der Rosenheimer Straße gegeben haben. Heute dominiert nur noch der mächtige Hofbräukeller. Aber dessen Brauereigebäude entlang der Inneren Wiener Straße wurden ebenso abgerissen wie der Bürgerbräukeller, der dem Gasteig weichen musste.

Um die vorletzte Jahrhundertwende wurden rund um den Wiener Platz große Mietshäuser im Stil der Neorenaissance gebaut, die das Viertel zunehmend aufwerteten. 1891 wurde auch der nach der Stadt Wien benannte ständige Markt am Platz eröffnet. Der winzigste aller festen Münchner Märkte bietet rund um den Maibaum auf 350 Quadratmetern in zahlreichen kleinen Verkaufshäuschen Lebensmittel und Blumen an, aber auch Feinkostgeschäfte und Spezialitätenläden sind zu finden. Rund um den Platz ergänzen zahlreiche populäre Cafés und kleine schicke Restaurants das Angebot. Neues Markenzeichen am Markt ist der im Zuge des Baus der Schrannenhalle vom großen Bruder Viktualienmarkt an den Wiener Platz verbrachte Fischerbuberl-Brunnen, ein nackter Knabe mit Hut und Fisch.

Nach Süden ist man in wenigen Schritten in den grünen romantischen Maximiliansanlagen oberhalb der Isar. Nur durch ein Sträßchen vom Wiener Platz getrennt, gut sichtbar als Wahrzeichen des Münchner Ostens, steht die zwischen 1852 und 1863 erbaute katholische Kirche St. Johann-Baptist. Mit ihrem 95 Meter hohen Turm ist sie ein vergleichsweise unproportionierter neugotischer Bau inmitten des Johannisplatzes.

Adresse Wiener Platz, 81667 München (Haidhausen) | **Anfahrt** U4/5, Haltestelle Max-Weber-Platz; Tram 18, Haltestelle Wiener Platz | **Öffnungszeiten** Die Stände haben unterschiedliche Öffnungszeiten. Kernzeit 8–18.30 Uhr | **Tipp** Es lohnt sich ein Blick auf das bis in die 1970er Jahre betriebene Städtische Brause- und Wannenbad in der Kirchenstraße 9. Zum Hofbräukeller gehört ein sich zur Isar hin auftuender Biergarten. Sehenswert ist der kleine Haidhauser Friedhof in der Einsteinstraße 74. Zum Kulturzentrum Gasteig sind es nur wenige Meter.

111 Das Wohnhaus Lenins
Hier entstand die Revolutionsschrift »Was tun?«

Als sich Anfang September 1900 der 30-jährige »Herr Meyer« bei dem sozialdemokratischen Gastwirt Rittmeyer in der Kaiserstraße 53 (heute 46) illegal niederließ, ahnten nur Eingeweihte, dass es sich um einen Mann handelte, der in den nächsten Jahren Weltgeschichte schreiben sollte. »Herr Meyer« hatte einen russischen Akzent, benahm sich unauffällig, liebte den Englischen Garten, aß gerne im Hofbräuhaus, sprach dem bayerischen Bier zu und hatte seinen Spaß am Münchner Fasching. Doch die meiste Zeit vergrub er sich in der Staatsbibliothek oder hinter seinem Schreibtisch und schrieb. Unter die Artikel setzte er aber nicht seinen »Meyer« oder seinen wirklichen Namen Wladimir Iljitsch Uljanow, sondern im Dezember 1900 erstmals hier in München sein Pseudonym: »Lenin«.

Lenin gründete nach seiner dreijährigen sibirischen Verbannung in München, dessen liberales Klima er besonders schätzte, mit anderen russischen Emigranten die »Iskra« als erste russische sozialistische Zeitung. Die Redaktionssitzungen fanden regelmäßig im damaligen Café Noris in der Leopoldstraße 41 statt. Und Lenin schrieb in München seine Revolutionsschrift »Was tun?«, das Manifest der russischen Revolution, das Konzept einer geheim agierenden, zentralisierten Arbeiterpartei von Berufsrevolutionären zum Sturz des zaristischen Russlands.

Nachdem im April 1901 Lenins Lebensgefährtin Nadeshda Krupskaja nach München gekommen war, zog das Paar mit einem falschen bulgarischen Pass unter dem Namen Jourdanoff in die Siegfriedstraße 14. Zwei Jahre lebte Lenin in Schwabing in eher bescheidenen Verhältnissen. Als Lenin München verließ und nach London zog, erbrachte sein Mobiliar ganze zwölf Mark. Zu Lenins 100. Geburtstag wurde 1970 am Haus in der Kaiserstraße 46 eine Gedenktafel angebracht, die aber 2006 von Unbekannten abgerissen und seither nicht ersetzt wurde.

Adresse Kaiserstraße 46, 80801 München (Schwabing) | **Anfahrt** Tram 12/27, Haltestelle Kurfürstenplatz; U2, Haltestelle Hohenzollernplatz; U3/6, Haltestelle Münchner Freiheit | **Tipp** Empfehlenswert ist die 1897 geweihte katholische Kirche St. Ursula am Kaiserplatz 1. Ein Besuch im nahen Restaurant Kaisergarten, Kaiserstraße 34, und seinem schönen kleinen Biergarten lohnt sich.

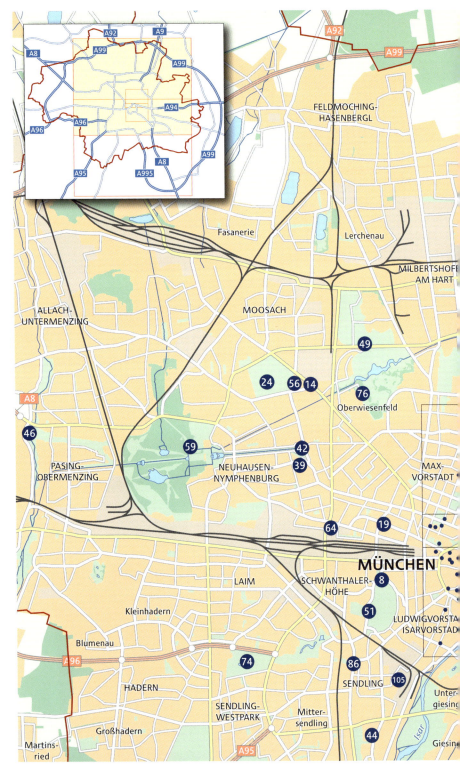

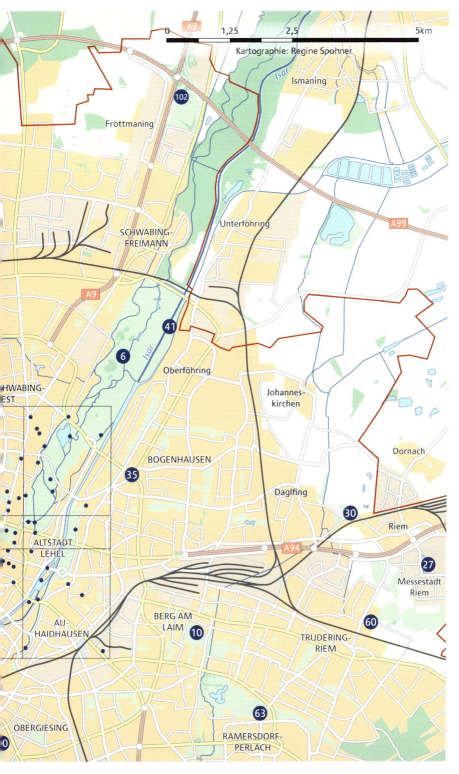

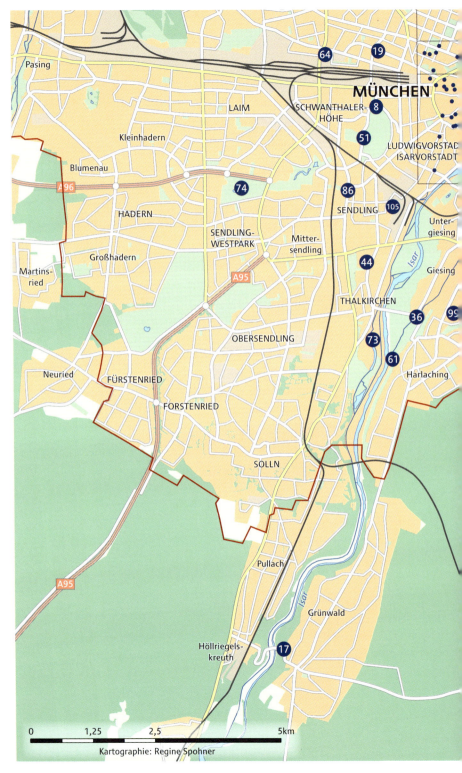
Kartographie: Regine Spohner

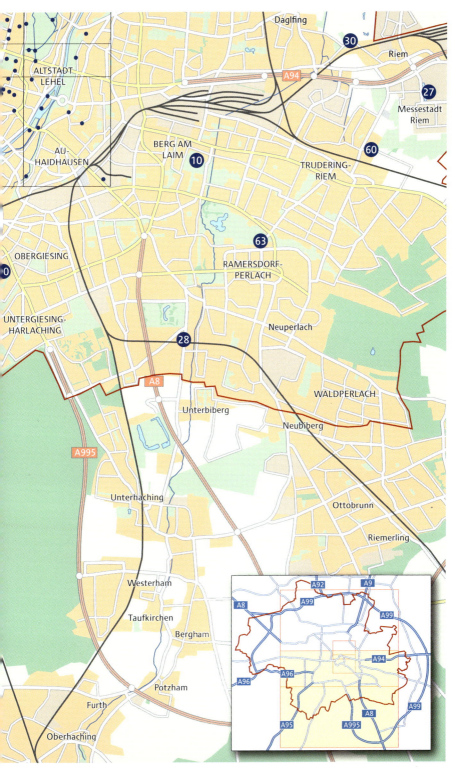

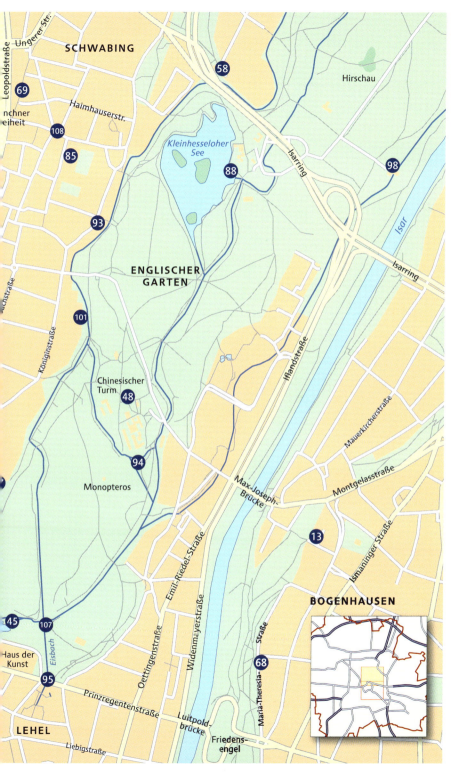

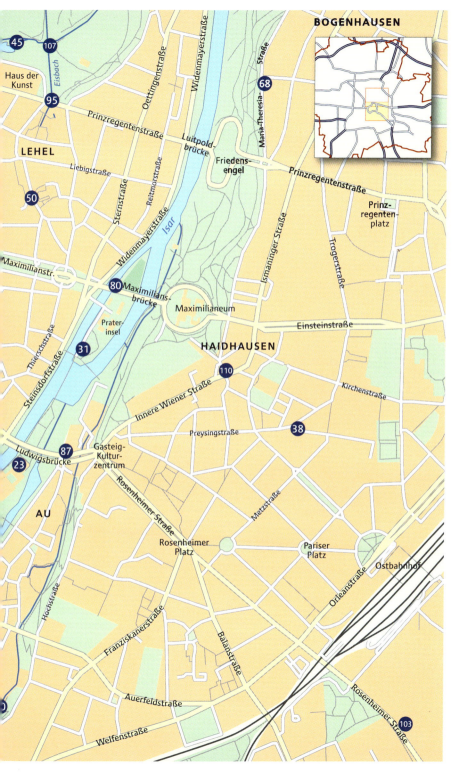

Der Autor

Rüdiger Liedtke, Autor und Journalist, kennt München wie seine Westentasche. Vor Jahren hat er einen Kinderstadtführer über München herausgegeben. Seine letzten Buchveröffentlichungen: »Wir privatisieren uns zu Tode«, »Das Energie-Kartell« und »Wem gehört die Republik?«.
www.ruediger-liedtke.de

Rüdiger Liedtke
**111 Orte in München, die man gesehen haben muss
Band 2**
Broschur, 240 Seiten
ISBN 978-3-95451-043-6

Wissen Sie, dass sich Punkt zehn nach zwölf im Dom die Automatenuhr bewegt, dass am Marienplatz die ungewöhnlichste Bibliothek der Stadt schlummert und wo der Sunset Boulevard im Olympiapark liegt? Dass man in der Max-Vorstadt dem Mühldorfer Urelefanten begegnet, in der Innenstadt die Barbie-Puppen paradieren und am Englischen Garten die Berliner Mauer steht? Wissen Sie, wo in München noch Mehl gemahlen wird, in welcher Kirche man auf Geister trifft und wo nach Einbruch der Dunkelheit das Grauen Einzug hält? Der zweite Teil des erfolgreichen Buches »111 Orte in München, die man gesehen haben muss« beweist erneut, dass München eine unerschöpfliche Fundgrube skurriler, hochkarätiger und ausgefallener Kleinode ist. Mit vielen neuen Überraschungen auch für diejenigen, die meinen, die Stadt aus dem Effeff zu kennen. Und das gleich weitere 111-mal.